노래만 불러도 일본어가 외워지는

J-POP

제이팝

일본어

핫크리스탈 지음

2

바이링구얼

노래만 불러도 일본어가 외워지는
제이팝 일본어

초판 1쇄 인쇄 2020년 6월 20일
초판 1쇄 발행 2020년 6월 30일

지은이 핫크리스탈
펴낸이 홍성은
펴낸곳 바이링구얼
교정·교열 육근혜
디자인 Design IF

출판등록 2011년 1월 12일
주소 서울 마포구 월드컵로36길 18, 309호
전화 (02) 6015-8835
팩스 (02) 6455-8835
메일 nick0413@gmail.com

ISBN 979-11-85980-33-1 13730

일본어는 한국어와 어순이 같고 발음이 어렵지 않아서 한국인이 가장 쉽게 시작하는 외국어입니다. 하지만 단어마다 읽는 법이 다른 한자와 한국어와는 쓰임이 다른 어휘들을 많이 배울수록 점점 어려워지는 것이 일본어이기도 하죠. 영단어 공부하듯이 연습장에 빡빡하게 써가며 외울 수도 있겠지만, 그런 무식한 방법은 재미도 없거니와 학습 효과도 매우 떨어집니다. 가장 효율적이면서도 즐겁게 배울 수 있는 방법은 바로 일본 노래로 공부하는 거예요. 자신이 좋아하는 노래를 들으며 가사를 읽는 연습을 반복해서 하면 자연스럽고 쉽게 일본어 한자와 어휘를 익힐 수 있습니다. 덤으로 가사에 나온 좋은 표현들도 많이 배울 수 있고요.

간혹 TV에서 학원 한 번 안 가 본 시골 소년이 명문대에 합격했다며 인터뷰하는 것을 볼 때가 있는데요. 이런 학생들이 영어 학습법으로 빼놓지 않고 언급했던 것이 바로 팝송 영어였습니다. 학원에 갈 여건이나 여유도 안 되고, 좋아하는 노래로 영어를 공부했다고 말이에요. 이렇게 외국 노래로 그 나라의 언어를 공부하는 것은 영어뿐만 아니라 일본어도 마찬가지랍니다. 외국어를 공부할 때 어휘만 따로 외워서는 암기가 잘 되지 않지만, 노래를 통해 문장을 통째로 익히게 되면 문장 구조와 쓰임새까지 확실히 파악하게 됩니다. 특히 일본어는 한자로 된 가사를 눈으로 읽으며 노래를 듣거나 부르는 연습을 계속하면 일본어 한자 학습에 매우 효과적입니다.

이 책에서 소개하는 단계적인 학습법에 따라 가사를 보며 열심히 노래를 따라 불러 보세요. 가사를 외워서 부를 수 있는 J-pop이 수십 곡이 되었을 때 자신의 일본어 실력이 그전과는 비교할 수 없을 만큼 향상된 것을 느낄 수 있을 거예요. 가수가 되려고 연습하는 것은 아니지만, 괴롭지 않고 즐겁게 일본어 실력을 향상시킬 수 있는 방법이니 적극 추천합니다!

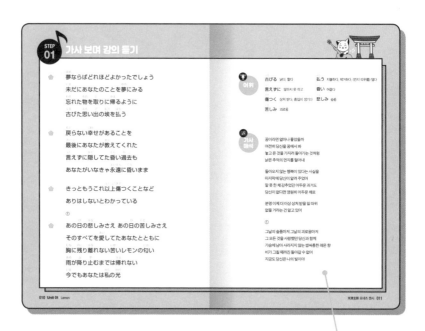

STEP 01 가사 보며 강의 듣기

夢ならばどれほどよかったでしょう
未だにあなたのことを夢にみる
忘れ物を取りに帰るように
古びた思い出の埃を払う

戻らない幸せがあることを
最後にあなたが教えてくれた
言えずに隠してた昏い過去も
あなたがいなきゃ永遠に昏いまま

きっともうこれ以上傷つくことなど
ありはしないとわかっている
①

あの日の悲しみさえ あの日の苦しみさえ
そのすべてを愛してたあなたとともに
胸に残り離れない苦いレモンの匂い
雨が降り止むまでは帰れない
今でもあなたは私の光

어휘
古びる 낡다, 헐다   払う 지불하다, 제거하다 (먼지 따위를) 털다
言えずに 말하지 못 하고   昏い 어둡다
傷つく 상처 받다, 흠집이 생기다   悲しみ 슬픔
苦しみ 괴로움

가사 해석
꿈이라면 얼마나 좋았을까
여전히 당신을 꿈에서 봐
놓고 온 것을 가지러 돌아가는 것처럼
낡은 추억의 먼지를 털어내

돌아오지 않는 행복이 있다는 사실을
마지막에 당신이 알려 주었어
말 못 한 채 감추었던 어두운 과거도
당신이 없다면 영원히 어두운 채로

분명 이제 더 이상 상처 받을 일 따위
없을 거라는 건 알고 있어

①

그날의 슬픔마저 그날의 괴로움마저
그 모든 것을 사랑했던 당신과 함께
가슴에 남아 사라지지 않는 씁쓸한 레몬 향
비가 그칠 때까지 돌아갈 수 없어
지금도 당신은 나의 빛이야

010 Unit 01 Lemon   米津玄師 요네즈 켄시 011

STEP 01 가사 보며 강의 듣기

노래 가사를 보며 저자의 유튜브 채널에서 강의를
들으세요. 곡 소개부터 일본어 가사 설명까지 친절
하고 재밌는 강의를 무료로 들을 수 있습니다.

가사 해석
꿈이라면 얼마나 좋았을까
여전히 당신을 꿈에서 봐
놓고 온 것을 가지러 돌아가는
낡은 추억의 먼지를 털어내

돌아오지 않는 행복이 있다는
마지막에 당신이 알려 주었
말 못 한 채 감추었던 어
당신이 없다면 영원

YouTube 무료 제공
http://www.youtube.com/c/CrystalH

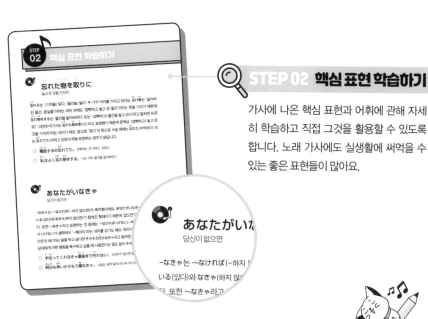

STEP 02 핵심 표현 학습하기

가사에 나온 핵심 표현과 어휘에 관해 자세히 학습하고 직접 그것을 활용할 수 있도록 합니다. 노래 가사에도 실생활에 써먹을 수 있는 좋은 표현들이 많아요.

STEP 03 눈과 귀로 한자 익히기

일본어 한자는 한 번 배웠다고 쉽게 외워지지 않아요. 다시 **STEP 01**로 가서 유튜브로 노래를 들으며 일본어 가사를 눈으로 읽어 보세요. 이 연습을 여러 번 반복하면 일본어 한자와 어휘를 쉽게 익힐 수 있습니다.

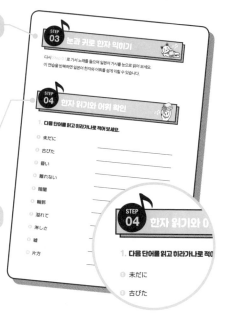

STEP 04 한자 읽기와 어휘 확인

노래를 통해 배운 일본어 한자와 어휘를 확인하는 단계입니다. 일본어 한자 읽기 연습문제와 어휘의 뜻을 맞히는 연습문제로 구성되어 있습니다.

목차

제이팝 일본어
시작해 볼까요?

Unit 01

Lemon

米津玄師 요네즈 켄시

요네즈 켄시는 싱어송라이터이자 일러스트레이터로 작사, 작곡, 그림, 영상 제작, 춤, 노래까지 혼자서 다 하는 멀티 아티스트예요. 유튜브, 인스타그램, 라인 라이브 등 인터넷 매체를 적극적으로 잘 활용하지만, TV 음악 방송이나 버라이어티 프로그램에는 잘 출연하지 않는 것으로 유명합니다. 이 곡 'Lemon'은 2018년 이시하라 사토미 주연의 미스터리 의학 드라마 'アンナチュラル(언내추럴)'의 주제곡으로 사용되었습니다. 미스터리도 좋아하고 이시하라 사토미도 좋아한다면 꼭 봐야 할 일드로 추천해요. 드라마도 인기 있었지만 주제곡이 빌보드 재팬에서 1위를 차지하며 초대형 히트를 쳤고 2018년 가장 유명한 곡이 되었어요. 유튜브에서 검색해 보면 수많은 사람들이 'Lemon'의 커버곡을 불렀을 정도로 많은 사랑을 받았죠. 요네즈 켄시가 이 곡을 쓰던 시기에 갑작스럽게 할아버지의 죽음을 겪으면서 가사는 자연스레 죽음을 위로하는 내용에서 죽음을 슬퍼하는 내용으로 바뀌게 되었다고 해요. 왜 곡명이 'Lemon'일까 하는 의문을 갖는 분들이 많으실텐데, 처음 혀에 닿으면 신맛이 느껴지고 다 먹고 나면 쓴맛이 여운처럼 감도는 레몬을 사람이 죽고 나서 느끼게 되는 감정에 비유한 건 아닐까요.

가사 보며 강의 듣기

❀ 夢ならばどれほどよかったでしょう

未だにあなたのことを夢にみる

忘れた物を取りに帰るように

古びた思い出の埃を払う

❀ 戻らない幸せがあることを

最後にあなたが教えてくれた

言えずに隠してた昏い過去も

あなたがいなきゃ永遠に昏いまま

❀ きっともうこれ以上傷つくことなど

ありはしないとわかっている

①

❀ あの日の悲しみさえ あの日の苦しみさえ

そのすべてを愛してたあなたとともに

胸に残り離れない苦いレモンの匂い

雨が降り止むまでは帰れない

今でもあなたは私の光

어휘

^{ふる}
古びる　낡다. 헐다

^い
言えずに　말하지 못 하고

^{きず}
傷つく　상처 받다. 흠집이 생기다

^{くる}
苦しみ　괴로움

^{はら}
払う　지불하다, 제거하다, (먼지 따위를) 털다

^{くら}
昏い　어둡다

^{かな}
悲しみ　슬픔

가사
해석

꿈이라면 얼마나 좋았을까
여전히 당신을 꿈에서 봐
놓고 온 것을 가지러 돌아가는 것처럼
낡은 추억의 먼지를 털어내

돌아오지 않는 행복이 있다는 사실을
마지막에 당신이 알려 주었어
말 못 한 채 감추었던 어두운 과거도
당신이 없다면 영원히 어두운 채로

분명 이제 더 이상 상처 받을 일 따위
없을 거라는 건 알고 있어

①

그날의 슬픔마저 그날의 괴로움마저
그 모든 것을 사랑했던 당신과 함께
가슴에 남아 사라지지 않는 쌉싸름한 레몬 향
비가 그칠 때까진 돌아갈 수 없어
지금도 당신은 나의 빛이야

暗闇であなたの背をなぞった

その輪郭を鮮明に覚えている

受け止めきれないものと出会うたび

溢れて止まないのは涙だけ

何をしていたの

何を見ていたの

私の知らない横顔で

どこかであなたが今私と同じような

涙にくれ淋しさの中にいるなら

私のことなどどうか忘れてください

そんなことを心から願うほどに

今でもあなたは私の光

어휘

<ruby>暗闇<rt>くらやみ</rt></ruby> 어둠, 암흑

<ruby>輪郭<rt>りんかく</rt></ruby> 윤곽

なぞる 덧그리다, 덧쓰다

<ruby>溢れる<rt>あふ</rt></ruby> 넘쳐 흐르다

가사 해석

어둠 속에서 당신의 등을 덧그렸어
그 윤곽을 선명히 기억하고 있어
끝내 받아들일 수 없는 것과 마주할 때마다
넘쳐 흘러서 멈추지 않는 것은 눈물뿐

무엇을 하고 있던 거야
무엇을 보고 있던 거야
내가 모르는 옆모습으로

어딘가에서 당신이 지금 나처럼
눈물에 젖어 외로움 속에 있다면
나 따위는 부디 잊어 주세요
그런 걸 진심으로 바랄 정도로
지금도 당신은 나의 빛이야

❀ 自分が思うより

   恋をしていたあなたに

   あれから思うように

   息ができない

   あんなに側にいたのに

   まるで嘘みたい

   とても忘れられない

   それだけが確か

   ①

❀ 切り分けた果実の片方のように

   今でもあなたは私しの光

어휘

切り分ける （き わ）　잘라서 나누다, 분할하여 구분하다

片方 （かた ほう）　한쪽, 한 짝

가사 해석

내가 생각하는 것보다
사랑을 했었던 당신에게
그날 이후로 생각처럼
숨을 쉴 수가 없어
그렇게나 곁에 있었는데
마치 거짓말 같아
도저히 잊혀지지 않아
그것만이 확실한 것

①

반으로 나눈 열매의 한쪽처럼
지금도 당신은 나의 빛이야

STEP 02 핵심 표현 학습하기

忘れた物を取りに
놓고 온 것을 가지러

忘れる는 '(기억을) 잊다, (물건을) 잃다' 두 가지 의미를 가지고 있어요. 忘れ物는 '잃어버린 물건, 분실물'이라는 의미 외에도 '깜빡하고 놓고 온 물건'이라는 뜻을 가지기 때문에 忘れ物をする는 '물건을 잃어버리다' 또는 '(깜빡하고) 물건을 놓고 오다'라고 말하면 되겠죠? 그런데 여기서는 忘れた物を取りに라고 표현했기 때문에 문맥상 '(깜빡하고) 놓고 온 것을 가지러'라는 의미가 돼요. 참고로 '잊다'의 뜻으로 쓰일 때에는 忘れた(까먹었다) 또는 忘れてた(까먹고 있었다)처럼 표현하는 경우가 많답니다.

▶ 電話するの忘れてた。 전화하는 것 까먹고 있었다.

▶ 私はよく忘れ物をする。 나는 자주 물건을 잃어버린다.

あなたがいなきゃ
당신이 없으면

~なきゃ는 ~なければ(~하지 않으면)의 축약형이에요. あなたがいなきゃ의 いなきゃ는 いる(있다)와 なきゃ(하지 않으면)가 합쳐진 형태이기 때문에 '없으면'이라는 뜻이 된답니다. 또한 ~なきゃ라고 표현하는 것 중에는 ~なければいけない(~하지 않으면 안 된다)에서 いけない가 생략되어 '~해야지'라는 의미를 갖기도 해요. 따라서 '슬슬 가야지(가지 않으면 안 돼)'라는 말을 하고 싶다면 そろそろ行かなきゃ라고 말하면 돼요. 혼잣말을 하거나 상대에게 어떤 행동을 촉구하고 싶을 때 사용한다는 점도 알아 두세요.

▶ 手伝ってくれなきゃ最後まで作れない。 도와주지 않으면 끝까지 못 만들어.

▶ 明日も早いからもう寝なきゃ。 내일도 일찍 일어나야 하니까 이제 자야지.

ありはしないとわかっている
없을 거라는 건 알고 있어

ありはしない라는 표현을 직역하면 '있지는 않다'라는 뜻이에요. ない(없다)라고 표현할 때보다 사물 혹은 현상이 존재하지 않음을 강조하는 느낌을 줘요. 또한 ～といったらありはしない는 '~라고 말하면 두말할 것도 없다, ~하기 짝이 없다'라는 의미로, 시험에 자주 등장하는 문구랍니다. 대화를 나누다 보면 ～たらありゃしない라고 축약하여 표현하는 경우도 있으니 함께 알아 두시면 좋을 것 같습니다.

▶ スマホがないと不便といったらありはしない。 스마트폰이 없으면 불편하기 짝이 없다.

▶ うらやましいったらありゃしない。 부럽기 짝이 없다.

雨が降り止む
비가 그만 오다

止む는 눈이나 비가 그치는 것을 뜻해요. 雨が止む와 雨が降り止む는 모두 '비가 그치다, 비가 멎다'라는 의미를 갖지만 雨が降り止む라고 표현하는 경우에는 '(지금 내리고 있는) 비가 그치다'와 같은 현장감을 느낄 수 있어요. 일상적인 대화를 할 때는 보통 雨が止む라고 말하고 문학적인 표현으로 雨が降り止む와 같이 쓰는 경우가 많은 것 같아요. 참고로 비가 갑자기 쏟아져 그칠 때까지 처마 밑 같은 곳에서 잠시 비를 피해 기다리는 것을 雨宿り라고 한답니다.

▶ ここで雨宿りして行きませんか。 여기서 비를 피하고 나서 가지 않을래요?

受け止めきれない
끝내 받아들일 수 없다

복합 동사 受け止めきる는 受け止める(받아들이다)의 ます형 뒤에 '−きる'가 붙는 형태인데 보통 '−きる'가 뒤에 오면 ① 행위를 종결하는 의미를 갖거나[예: 読みきる(끝까지 읽다), 食べきる(끝까지 먹다)], ② 더이상은 없을 것 같다고 느껴질 정도로 극한에 달하는 것을 나타내요[예: 乾ききる(완전히 마르다), 冷えきる(완전히 차가워지다/식다)]. 주로 자연 현상, 생리적인 현상, 감정이나 정신적인 활동을 일컬을 때 사용해요. 여기서 受け止めきる는 ②번에 해당합니다. 그런데 受け止めきれない라는 것은 受け止めきる(완전히 받아들이다)의 가능형 受け止めきれる(완전히 받아들일 수 있다)가 부정형으로 바뀐 형태예요. 심리적 저항감 혹은 외부의 요인으로 '끝내 완전히 받아들일 수 없는' 것과 마주하며 힘들어하는 화자의 심정을 잘 드러내는 대목이랍니다.

▶ ストレスで疲れきった。 스트레스로 피곤에 절었다.

▶ わかりきったことを聞かれてびっくりしました。 다 아는 걸 물어 봐서 놀랐어요.

まるで嘘みたい
마치 거짓말 같아

まるで〜みたい 또는 まるで〜のようだ는 '마치 ~와 같다'라는 뜻으로 사물을 비유할 때 사용하는 표현이에요. まるで는 함께 쓰일 때도 있지만 생략되는 경우도 많아요. 그리고 みたい가 ようだ보다 좀 더 캐주얼한 느낌을 가져서 회화체에서 자주 등장해요. 여기서 まるで嘘みたい는 그렇게 곁에 있던 사람이 더이상 존재하지 않는다는 게 믿기지 않아 하는 말이죠.

▶ 彼女はまるで天使のようです。 그녀는 마치 천사와 같습니다.

▶ 世界一周ができるなんてまるで夢みたい。 세계 일주를 할 수 있다니 마치 꿈만 같아.

とても忘れられない

도저히 잊혀지지 않아

とても~ない는 '도저히 ~않다'라는 뜻으로 쓰여요. ない 앞에는 주로 가능형이 와서 '도저히 ~할 수 없다'와 같은 표현으로 등장하는 경우가 많아요. 예를 들어 とても会えない(도저히 만날 수 없다)라든지 とても話しかけられない(도저히 말 걸 수 없다)처럼 말이에요. 또한 とても~ない가 살짝 응용되어 とても~そうにない(도저히 ~할 것 같지 않다)처럼 쓰이기도 해요. 이때도 가능형 동사가 주로 쓰이는데, とても行けそうにない(도저히 갈 수 있을 것 같지가 않다)라거나 とても寝られそうにない(도저히 잘 수 있을 것 같지 않다)라고 표현한답니다.

▶ きれいすぎてとても話しかけられない。 너무 예뻐서 도저히 말을 걸 수 없어.

▶ 昨日から体調が悪くてとても行けそうにないです。
어제부터 몸이 안 좋아서 갈 수 있을 것 같지 않아요.

それだけが確か

그것만이 확실한 것

確かだ 는 '확실하다'라는 뜻이고 確かに는 '확실히' 또는 맞장구 칠 때 나오는 '그렇죠'라는 뜻이에요. 가사에서처럼 確か라고 끝맺는다면 '확실해'라고 할 수도 있지만 그 앞에 それだけが(그것만이)라는 말이 왔기 때문에 '확실한 것'이라고 하는 게 좀 더 자연스럽겠죠? 가사 속에 나오는 어투는 앞뒤 상황을 살펴보고 유연하게 바꿔 줘도 괜찮아요. 그런데 確か라는 말이 문장 앞부분에 나온다면 '확실하다'는 뜻보다 '분명히 ~인 것 같은데' 정도의 불확실함을 나타내는 경우가 많다는 점도 기억해 두시면 좋아요!

▶ 確かここにあったはずなんだけど。 분명히 여기에 있던 것 같은데.

▶ 気は確かですか。 제정신이세요?

STEP 03 눈과 귀로 한자 익히기

다시 Step 01로 가서 노래를 들으며 일본어 가사를 눈으로 읽어 보세요.
이 연습을 반복하면 일본어 한자와 어휘를 쉽게 익힐 수 있습니다.

STEP 04 한자 읽기와 어휘 확인

1. 다음 단어를 읽고 히라가나로 적어 보세요.

① 未だに

_____

② 古びた

_____

③ 昏い

_____

④ 離れない

_____

⑤ 暗闇

_____

⑥ 輪郭

_____

⑦ 溢れて

_____

⑧ 淋しさ

_____

⑨ 嘘

_____

⑩ 片方

_____

2. 다음 단어의 뜻을 적어 보세요.

① 古びた

_____

② 未だに

_____

③ 払う

_____

④ 傷つく

_____

⑤ 暗闇

_____

⑥ 受け止める

_____

⑦ 溢れる

_____

⑧ 恋をする

_____

⑨ 息ができない

_____

⑩ 切り分ける

_____

 정답

1. ①いまだに ②ふるびた ③くらい ④はなれない ⑤くらやみ ⑥りんかく ⑦あふれて
⑧さびしさ ⑨うそ ⑩かたほう
2. ①낡다, 헐다 ②여전히, 아직도 ③지불하다, 제거하다, 털다 ④상처 받다, 흠집이 생기다 ⑤어둠, 암흑
⑥받아들이다 ⑦넘쳐 흐르다 ⑧사랑(연애 감정)을 하다 ⑨숨을 쉴 수 없다 ⑩잘라서 나누다, 분할하여
구분하다

Unit 02

君がくれた夏
네가 준 여름

家入レオ 이에이리 레오

이에이리 레오는 데뷔한 2012년부터 바로 주목을 받기 시작한 싱어송라이터로 지금까지 꾸준한 활동을 보여 주고 있어요. 매력적인 목소리와 위로 올라간 눈매가 그녀만의 색깔을 뚜렷하게 보여 주는데, 외모뿐 아니라 뛰어난 가창력과 작사 감각도 인기에 한몫한다고 하네요. 성인이 된 이후에 곡을 통해 표현하고자 하는 바를 묻는 인터뷰에서 메이저 데뷔를 했던 10대 시절과는 다르게 시선이 자기 자신에서 타자의 관점으로 옮겨 가게 되었다고 말하는 것을 보고, 앞으로의 활약이 더 기대되는 가수라는 생각이 들더군요. '君がくれた夏'는 2015년에 방영한 福士蒼汰(후쿠시 소타)와 本田翼(혼다 츠바사) 주연의 드라마 '恋仲(사랑하는 사이)'의 주제가로, 레오가 직접 작사한 발라드로 주목을 받았죠. 감정을 억누르며 연애의 애절함을 노래한 그녀가 이 곡을 통해 말하고 싶었던 것은 '성장'이었던 것 같아요. 곡의 배경으로 여름을 선택한 이유가 아이에서 어른으로 나아가는 경계로 어울리는 계절이었기 때문이었다고 하니 말이죠. 스무 살 또래들이 느끼는 삶의 고민과 경험들이 한 여름철이 지나면 모두 끝날 테지만 그 과정을 따뜻하게 격려해 줄 수 있으면 좋겠다는 메시지가 담겨 있어 드라마의 내용과도 잘 어우러지는 듯해요. 청춘의 풋풋함을 느끼고 싶다면 이 일드도 함께 봐 보면 어떨까 싶네요.

가사 보며 강의 듣기

🌸 君の描いた未来の中に
僕はいない その時代もない
まだ少しだけ傷を抱えた二人は
夢の続き探してた

🌸 思うままに色付いてくと思ってた
答えなんか見つけられずに
それでもこの世界廻り続けて

①

🌸 君がくれた夏 その奇跡 僕は忘れない
oh 溢れそうな想い あの夕日に隠して

so why so why so why…
気づいていた

true love true love

🌸 時の隙間に流れ込む風
教室のその片隅で
揺れる前髪 ただ見とれていた僕は
君に恋をしたんだよ

어휘

かか
抱える　껴안다, 팔에 안다, 감싸 쥐다

おも
思うままに　생각대로, 마음대로

み
見つける　찾아내다, 발견하다

きせき
奇跡　기적

き
気づく　알아채다, 깨닫다

かたすみ
片隅　한쪽 구석

み
見とれる　넋을 잃고 보다

つづ
続き　연결, 계속되는 부분, 다음 순서

いろつ
色付く　물이 들다, 색을 띠게 되다

まわ
廻る　돌다, 회전하다

かく
隠す　숨기다

すきま
隙間　틈, 틈새

ゆ
揺れる　흔들리다

가사 해석

네가 그린 미래 안에
나는 없어 그 시절도 없어
아직 조금은 상처를 안고 있는 두 사람은
꿈의 다음 이야기를 찾고 있었어

생각하는 대로 물들어져 갈 것이라 생각했었어
해답 같은 건 찾아내지 못한 채
그럼에도 이 세상은 계속 돌아서

①
네가 준 여름 그 기적 나는 잊지 않을 거야
oh 넘칠 듯한 마음 저 노을에 감추며
so why so why so why …
알고 있었어
true love true love

세월의 틈새로 흘러 들어오는 바람
교실 그 구석에서
살랑대는 앞머리 그저 넋을 잃고 보고 있던 나는
네게 사랑의 감정을 느꼈어

まるで空を歩いてるみたいな日々

当たり前にそばにいたこと

未来なんていつもそう　疑いもせず

君がいた夏にこの気持ち　うまく言えなくて

oh 二つの心は何故に離れていくの？

so why so why so why…

届かなくて

愛情の罠だって気づいた時は遅すぎて

捻れた感情は光求め彷徨う

叶わない願い　置き去りのままで

①

어휘

疑う 의심하다

愛情 애정

捻れる 비틀어지다, 뒤틀리다, 꼬이다

彷徨う 헤매다, 방황하다

置き去り 내버려두고 가 버림

届く 닿다, (물건이) 도착하다

罠 덫, 함정

求める 구하다, 바라다

叶う 이루어지다

가사 해석

마치 하늘을 걷고 있는 듯한 나날
당연히 곁에 있었던 것
미래 같은 건 항상 그래 의심도 않고

네가 있던 여름에 이 마음 제대로 표현할 수 없어서
oh 둘의 마음은 어째서 멀어져 가는 거야?
so why so why so why …
닿지 않아서

애정의 덫이라고 알아챘을 땐 너무 늦어서
뒤틀린 감정은 빛을 찾아 방황하네

이루어지지 않는 바람 내버려두고 가 버린 채

①

傷を抱えた二人は
상처를 안고 있는 두 사람은

抱える(안다)는 抱く(안다)와 다르게 포옹한다는 느낌보다는 어떤 물건을 팔을 둘러 끌어 안는다는 느낌을 줘요. 그래서 両腕いっぱいプレゼントを抱える(양팔 가득 선물을 끌어 안다)와 같은 문장에서 쓰일 수 있겠죠. 또는 가사에 나오는 傷(상처)처럼 심리적으로 부담이 되는 대상을 안고 있는 경우에도 사용해요.

▶ 今あなたが抱えている問題は何ですか。 지금 당신이 안고 있는 문제는 무엇입니까?

▶ 多額の借金を抱えてます。 많은 빚을 지고 있어요.

夢の続き探してた
꿈의 다음 이야기를 찾고 있었어

続く는 '계속되다, 이어지다'라는 뜻이에요. 드라마나 만화의 한 에피소드가 끝나고 마지막에 続く… 라고 쓰여진 것을 보신 적이 있나요? 'To be continued, 다음 화에 계속'과 같은 의미가 되겠죠? 그래서 한 작품의 다음 이야기를 続き라고 표현하기도 합니다. 그래서 가사에 나오는 夢の続き는 스토리가 있는 한 꿈의 다음 파트, 다음 순서를 의미해요. 혹은 꿈이 끝나고 그 다음 단계로 넘어가는 현실을 뜻할 수도 있지만 어느 쪽이 됐든 그 꿈과 이어지는 어떤 상황을 가리킨답니다.

▶ ドラマの続きが気になって寝られない。 드라마의 다음 화가 궁금해서 못 자겠어.

▶ 続きは来週中に報告します。 그 다음 내용은 다음 주 중에 보고할게요.

答えなんか見つけられずに

해답 같은 건 찾아내지 못한 채

なんか는 하나의 예를 들며 '~같은 것'이라는 뜻으로 쓰이기도 하고 앞에 나오는 대상을 가볍게 여기거나 깔보는 듯한 느낌을 주며 '~따위'라는 뜻으로 사용되기도 해요. 人生に答えなんかないよ!(인생에 정답 같은 건 없어!)라는 표현이 바로 이럴 때 딱 어울리겠네요. 見つける(찾다)는 찾고 있는 것을 발견하거나 찾아내는 것을 말해요. 그래서 探す(찾다)와는 조금 다르게 쓰인다는 것을 꼭 알아 두셨으면 해요. 안경을 어디 뒀는지 몰라서 더듬어 찾고 있을 때 옆에 있던 동생이 '찾았다!'라고 할 때 바로 見つけた라고 해요.

▶ 君が言うことなんか信じられない。 너가 말하는 것 따위 믿을 수 없어.

▶ マフラー見つけてくれてありがとう。 목도리 찾아줘서 고마워.

時の隙間に流れ込む風

세월의 틈새로 흘러 들어오는 바람

流れる는 '흐르다, 흘러가다'이고 流れ込む는 '흘러 들어오다, 유입되다'라는 뜻이에요. 뒤에 ~込む가 붙는 다른 복합 동사가 일상에서 어떻게 쓰이는지 볼까요? 출퇴근 시간 지하철 안내 방송에서 駆け込み乗車は危険ですのでお止めください(위험하오니 뛰어 들어 타지 마세요)라는 말이 나올 때가 있어요. 여기서 駆け込む가 '뛰어 들어가다'라는 뜻이에요. 또 업무를 보던 중 스팸 전화가 걸려 왔다면 今取り込み中で라는 말을 하며 전화를 끊는데, 여기서 取り込む는 '어떤 일에 착수하다'는 뜻으로 그래서 바쁘다는 뜻이 된답니다.

▶ トラブルに巻き込まれて困ってます。 트러블에 휘말려서 곤란한 상태예요.

▶ 割り込みされたらちょっとイラッとする。 끼어들기 당하면 조금 짜증나.

ただ見とれていた僕は

그저 넋을 잃고 보고 있던 나는

ただ는 다양한 의미로 쓰여요. '공짜'라는 뜻[예: ただで使える (공짜로 쓸 수 있다)]으로도 쓰이고, '다만'이라는 접속사[예: 値段はいいと思います。ただデザインが…(가격은 좋은 것 같아요, 다만 디자인이…)]로도 쓰여요. 그런데 여기서는 다른 것은 문제 삼지 않고 어떤 대상을 한정시킬 때 쓰는 '그저'라는 뜻으로 쓰였어요. 가사에 이어서 나오는 見とれていた (넋을 잃고 보고 있었다)라는 말까지 보면 어떤 모습일지 상상이 될 것 같지 않나요? 누구에게나 그저 넋을 잃고 뭔가를 빤히 보던 경험이 있을 테니 말이죠.

▶ ただ元気になりたいだけです。 그저 건강해지고 싶을 뿐이에요.

▶ あまりにもきれいで思わず見とれてしまった。
너무나도 예뻐서 나도 모르게 넋을 잃고 봐 버렸다.

疑いもせず

의심도 않고

~せず는 ~しないで(~하지 않고)와 같은 뜻으로, 꽤 오랜 옛날부터 쓰인 고어입니다. 구어체보다는 문어체로 쓰이는 경우가 많고 심심찮게 등장하는 문형이니까 알아 두면 도움이 될 거예요. ~をものともせず는 '~을 아랑곳하지 않고, ~을 개의치 않고'라는 의미로, 親の反対をものともせず、結婚した (부모의 반대를 아랑곳하지 않고 결혼했다) 같은 상황에서 쓸 수 있겠죠. 또 ~せずにはいられない는 '~하지 않을 수 없다'라는 뜻으로, 娘のことを心配せずにはいられない (딸을 걱정하지 않을 수 없다)라는 예문이 만들어질 수 있어요.

▶ あの有名セレブが変装もせず電車に乗ってた。
그 유명 셀럽이 변장도 안 하고 전철을 타고 있었다.

▶ 瞬きもせずじっと見る。 눈도 깜빡이지 않고 빤히 본다.

捻れた感情は光求め彷徨う
ねじ　　かんじょう　　ひかりもと　　さまよ

뒤틀린 감정은 빛을 찾아 방황하네

捻れる(꼬이다)는 얇고 긴 것이 휠 때 쓰는 물리적인 의미도 가지고 있지만 솔직하지 못한
ねじ
감정 상태나 본래의 관계로부터 어긋난 상태를 나타낼 때도 사용해요. 우리말과 쓰임이
비슷하죠? 그래서 ベルトが捻れる(벨트가 꼬이다)라든지 上司との関係が捻れる(상사와
　　　　　　　　　　ねじ　　　　　　　　　　　　じょうし　　　かんけい　ねじ
의 관계가 꼬이다) 같은 경우에 모두 쓸 수 있어요. 彷徨う는 '헤매다, 방황하다'라는 말로
　　　　　　　　　　　　　　　　　　さまよ
갈 길을 정하지 못하고 떠도는 모습을 묘사하는 말이고 조금 비슷하지만 다른 말로는 途方
　　　　　　　　　　　　　　　　　　　　　　　　　　　　　　　　　　　　　　とほう
に暮れる라는 표현이 있습니다. 이것은 어찌할 바를 몰라서 갈피를 못 잡을 때 쓰게 되는
　く
'헤매다'인데 둘 다 노래가사에서 자주 볼 수 있는 말들이니까 알아 두시면 좋겠죠?

▶ あんなに心の捻れた人がいるなんて。 저렇게 속이 꼬인 사람이 있다니.
　　　　　こころ　ねじ　　ひと

▶ 一時は生死の境を彷徨ってました。 한때는 사경을 헤맸었어요.
　いちじ　せいし　さかい　さまよ

叶わない願い 置き去りのままで
かな　　　　ねが　　　お　　さ

이루어지지 않는 바람 내버려두고가 버린 채

叶うは '이루어지다'이고 叶える는 '이루다'예요. 그래서 '꿈을 이루기 위해'라고 말할 때
かな　　　　　　　　　　　かな
는 夢を叶えるため가 맞지만 '꿈은 이루어지지 않아'라는 말은 夢は叶わない라고 표현하
　ゆめ　かな　　　　　　　　　　　　　　　　　　　　　　　　ゆめ　かな
는 게 맞습니다. 참 헷갈리죠? 置き去り는 置く(두다)와 去る(떠나다)가 합쳐진 말로, '두고
　　　　　　　　　　　　　　お　　さ　　　お　　　　　　　さ
떠남'이라는 뜻이에요. 보통 뒤에 ~にする를 붙여서 '두고 떠나다'라는 동사 형태로 많이
쓰인답니다. 子供を置き去りにする라고 한다면 참 슬픈 얘기지만, '아이를 (그 자리에) 두
　　　　　　こども　お　　ざ
고 떠나다'라는 말이에요.

▶ 夢を持ち続けたらいつかきっと叶うよ。
　ゆめ　も　　つづ　　　　　　　　　　かな
꿈을 계속 가지고 있으면 언젠가는 꼭 이루어질 거야.

▶ 置き去りにされたことってありますか。 누가 당신을 두고 가 버린 적이 있나요?
　お　　ざ

다시 Step 01로 가서 노래를 들으며 일본어 가사를 눈으로 읽어 보세요.
이 연습을 반복하면 일본어 한자와 어휘를 쉽게 익힐 수 있습니다.

STEP 04

한자 읽기와 어휘 확인

1. 다음 단어를 읽고 히라가나로 적어 보세요.

① 抱えた

_____

② 探してた

_____

③ 色付いてく

_____

④ 廻り続けて

_____

⑤ 奇跡

_____

⑥ 隙間

_____

⑦ 片隅

_____

⑧ 揺れる

_____

⑨ 疑い

_____

⑩ 捻れた

_____

2. 다음 단어의 뜻을 적어 보세요.

① 抱える _____

② 思うままに _____

③ 色付く _____

④ 隠す _____

⑤ 隙間 _____

⑥ 見とれる _____

⑦ 疑う _____

⑧ 罠 _____

⑨ 捻れる _____

⑩ 彷徨う _____

1. ①かかえた ②さがしてた ③いろづいてく ④まわりつづけて ⑤きせき ⑥すきま ⑦かたすみ ⑧ゆれる ⑨うたがい ⑩ねじれた
2. ①껴안다, 팔로 안다 ②생각하는 대로 ③물들여지다 ④숨기다 ⑤틈, 틈새 ⑥넋을 잃고 보다 ⑦의심하다 ⑧덫, 함정 ⑨꼬이다, 뒤틀리다 ⑩헤매다, 방황하다

Unit 03

にち かみ ひこう き
365日の紙飛行機

365일 종이비행기

AKB48

AKB48은 '만나러 갈 수 있는 아이돌'을 콘셉트로, 자신이 좋아하는 아이돌의 성장을 가까운 곳에서 지켜 볼 수 있다는 점을 특징으로 내세운 아이돌 그룹이에요. 2005년부터 활동 거점이 되었던 돈키호테의 아키하바라 전용 극장인 AKB48 극장에서 상시 라이브 공연을 열고 있죠. 이들은 한동안 침체되었던 일본 여성 아이돌 시장의 중흥기를 열며 아키하바라 오타쿠만의 문화가 아닌 '사회 현상'이라고 불릴 만큼 대중적인 인기를 얻게 되었어요. 음악 방송뿐 아니라 패션쇼, 잡지, 연극, 라디오, 애니메이션, 만화, 게임 등 심지어는 파친코에서까지 활약을 하기 때문이죠. 2018년엔 엠넷과의 콜라보로 프로듀스48을 제작하여, 한국에 3명의 멤버를 IZ*ONE으로 데뷔시키기도 했죠. AKB48은 자체 팀만 100여 명, 자매그룹까지 수백여 명에 달하는 만큼 각 멤버들이 알아서 살아남아야 하는 구조를 가지고 있어, 그들만의 독특한 시스템인 총선거를 통해 선발된 멤버만이 앨범을 낼 수 있답니다. '365日の紙飛行機'는 NHK TV소설 'あさが来た(아침이 온다)'의 주제가로 제작되었는데 아침 드라마의 OST라는 점을 의식하여 어쿠스틱 기타와 현악 합주로, 포크송 느낌이 나는 소박한 곡조를 띄고 있어요. 인생을 종이비행기에 비유하여 과정의 소중함을 노래한 가사 덕에 학교 졸업식에서 많이 불려진다고 하네요.

❀ 朝の空を見上げて

今日という一日が

笑顔でいられるように

そっとお願いした

❀ 時には雨も降って

涙も溢れるけど

思い通りにならない日は

明日頑張ろう

❀ ずっと見てる夢は

私がもう一人いて

やりたいこと好きなように

自由にできる夢

①

어휘

見上げる 우러러보다, 올려다보다
時には 때로는, 경우에 따라서는

笑顔 웃는 얼굴, 미소
思い通り 생각대로, 뜻대로

가사 해석

아침 하늘을 올려다보며
오늘이라는 하루를
웃는 얼굴로 있을 수 있도록
살그머니 빌었어

때로는 비도 내리고
눈물도 흘러 넘치지만
뜻대로 되지 않는 날은
내일 힘내자

계속 꾸는 꿈은
내가 한 명 더 있어서
하고 싶은 일들 좋아하는 만큼
자유롭게 할 수 있는 꿈

①

❀ 人生は紙飛行機
　願い乗せて飛んで行くよ
　風の中を力の限り
　ただ進むだけ
　その距離を競うより
　どう飛んだか どこを飛んだのか
　それが一番大切なんだ
　さあ心のままに
　365日

❀ 星はいくつ見えるか
　何も見えない夜か
　元気が出ないそんな時は
　誰かと話そう

❀ 人は思うよりも
　一人ぼっちじゃないんだ
　すぐそばのやさしさに
　気づかずにいるだけ

어휘

かみひこうき
紙飛行機　종이비행기

かぎ
限り　끝, 한도

こころ
心のまま　마음 가는 대로

の
乗せる　태우다, 싣다

きそ
競う　경쟁하다, 겨루다

ひとり
一人ぼっち　외톨이

가사 해석

인생은 종이비행기
소원을 싣고 날아가
바람 속을 힘 닿는 대로
그저 나아갈 뿐
그 거리를 겨루기보다
어떻게 날았는지 어디를 날았는지
그게 제일 소중한 거야
자 마음 가는 대로
365일

별은 얼마나 보이는지
아무것도 보이지 않는 밤인지
기운이 나지 않는 그런 때에는
누군가와 얘기하자

사람은 생각보다
외톨이가 아니야
바로 곁에 있는 상냥함을
눈치채지 못하고 있을 뿐

❀ 人生は紙飛行機

愛を乗せて飛んでいるよ

自信持って広げる羽根を

みんなが見上げる

折り方を知らなくても

いつのまにか飛ばせるようになる

それが希望推進力だ

ああ 楽しくやろう

365日

①

❀ 飛んで行け！

飛んでみよう！

飛んで行け！

飛んでみよう！

飛んで行け！

飛んでみよう！

<ruby>広<rt>ひろ</rt></ruby>げる	넓히다, 펼치다	<ruby>羽根<rt>はね</rt></ruby>	날개
<ruby>折<rt>お</rt></ruby>り<ruby>方<rt>かた</rt></ruby>	접는 방법	<ruby>希望<rt>きぼう</rt></ruby>	희망
いつのまにか	어느새인가	<ruby>推進力<rt>すいしんりょく</rt></ruby>	추진력

広げる 넓히다, 펼치다
折り方 접는 방법
いつのまにか 어느새인가

羽根 날개
希望 희망
推進力 추진력

가사 해석

인생은 종이비행기
사랑을 싣고 날고 있어
자신감을 갖고 펼치는 날개를
모두가 올려다 봐
접는 방법을 몰라도
어느새인가 날릴 수 있게 될거야
그것이 희망 추진력이야
아 즐겁게 하자
365일

①

날아가라!
날아 보자!
날아가라!
날아 보자!
날아가라!
날아 보자!

思い通りにならない日は

뜻대로 되지 않는 날은

思い通り는 '생각대로, 뜻대로'라는 의미로, '마음대로 하다'는 思い通りにする 라고 표현
할 수 있고 '뜻대로 되다'라는 말은 思い通りに行く 또는 思い通りになる와 같이 표현할
수 있어요. 인생이 뜻대로 되면 참 좋겠죠?(人生が思い通りに行ったらいいですよね。) 또
한, ~通り는 '~하는 대로'라는 뜻이기 때문에 앞에 명사나 동사가 붙어 여러 상황에서 쓰
인답니다. 예를 들어 '예상대로'는 予想通り이고 '아래와 같이'는 以下の通り라고 말할 수
있어요. 앞에 동사가 오는 경우라면 言う通り(말하는 대로)라는 말도 있고, 윗사람의 말에
공감하며 맞장구를 칠 때 나오는 말로 おっしゃる通り(말씀하시는 대로)라는 표현도 종종
나와요.

▶ これだけ守れば思い通りの結果が出せると思う。
이것만 지키면 뜻하는 결과를 낼 수 있을 것이다.

▶ 部長のおっしゃる通りです。 부장님 말씀이 맞습니다.

やりたいこと好きなように

하고싶은 일들 좋아하는 만큼

~ようには '~인 것 처럼' 또는 '~하도록'과 같은 의미로 쓰이는 경우가 많지만 好きなよ
うには '좋아하는 만큼, 원하는 만큼, 마음껏'이라는 뜻과 '좋을 대로, 원하는 대로'라는 뜻
을 가져요. '원하는 만큼'이라는 의미로 쓸 때는 好きなだけ라는 말과 바꿔 써도 된답니다.

▶ 好きなように食べていいよ。 원하는 만큼 먹어도 돼.

▶ 好きなようにしてください。 좋을 대로 하세요.

願い乗せて飛んで行くよ

소원을 싣고 날아가

乗せる는 '태우다, 싣다'라는 의미로, 무언가를 물리적으로 운반할 때는 물론이고 가사에서처럼 願い(소원)와 같이 추상적인 개념에서도 사용됩니다. 여러분들 아시다시피 '가다'는 行く인데 여기서처럼 行く라고 발음하는 경우를 종종 볼 수 있을 거예요. 현재에는 모두 바른 표기이기는 하지만 いく라고 발음하는 것이 일반적이고 보통 구어체에서 자주 쓰여요. ゆく는 역사가 꽤 오랜 발음으로, 문어체에서 자주 볼 수 있습니다. 또한 行く年(가는 해)라든지 行く行く(끝내는)처럼 ゆく로 밖에 발음하지 않는 단어들도 있답니다.

▶ 花言葉に想いを乗せて告白しました。 꽃말에 마음을 실어서 고백했어요.

▶ 行く行くは地元に帰るつもりです。 끝내는 고향에 돌아갈 생각이에요.

風の中を力の限り

바람 속을 힘 닿는 대로

限る는 '제한하다, 한정하다'라는 뜻이고, 限り는 '끝, 한도'라는 뜻입니다. 앞에 품사를 붙여 ~限り라고 할 때는 '~한에서는'이라는 뜻으로 쓰이기도 하지만 가사에서처럼 '~하는 한, ~껏'이라는 뜻도 가지고 있어요. 예를 들어 本日限り는 '오늘에 한해' 다시 말해 '오늘만'이라는 의미가 되고, 時間の許す限り는 '시간이 허락하는 한'이라는 의미가 되겠지만, 力の限り는 '힘껏, 힘 닿는 대로'처럼 능력이나 체력 등을 모두 쏟아 최선을 다하는 모양새를 가리켜요. 이외에도 限りある(유한하다)라든지 限りない(무한하다, 끝이 없다)와 같이 限る가 응용되는 표현이 많으니까 이 기회에 알아 두세요.

▶ できる限り頑張ります。 가능한 한 최선을 다할게요.

▶ 今年限りで終了する。 올해까지 하고 종료한다.

その距離を競うより
그 거리를 겨루기보다

競うは '경쟁하다, 겨루다'라는 말로, 비슷한 단어에는 競争する와 争う가 있어요. 다만 競う와 競争する는 의미에 차이가 있다기보다는 경쟁 상대의 크기나 표현하고자 하는 어투에 따라 달라지는 부분이기에 여기서는 競う와 争う를 살짝 비교해 볼게요. 競うは 솜씨나 기술과 같은 능력의 우열을 가리려고 하는 경우에 사용한다면, 争う는 상대를 이기거나 무언가를 얻으려고 하는 경우에 사용합니다. 이것은 '겨루다'보다는 '다투다'에 어울리는 말인 것 같아요.

▶ 顧客の興味を引くために競い合ってます。
고객의 흥미를 끌기 위해 서로 겨루고 있어요.

▶ 子供達は先を争って前の席に座った。 아이들은 앞다투어 앞자리에 앉았다.

一人ぼっちじゃないんだ
외톨이가 아니야

一人ぼっちは '외톨이'를 나타내는 말로 요새는 앞의 一人를 빼고 ぼっち라고 표현하기도 하며 신조어가 몇 가지 생겨났어요. クリぼっち는 クリスマス와 一人ぼっち를 줄인 것으로, '크리스마스를 혼자 보내는 것'을 가리키는 말이고 ぼっち度는 '외톨이가 될 가능성'의 정도를 나타내요. 여러분들은 ぼっち가 된 경험이 있으신가요?

▶ 一人ぼっちの生活も悪くないです。 외톨이 생활도 나쁘지 않아요.

▶ ぼっち感が半端ない。 외톨이 느낌이 장난 아니다.

自信持って広げる羽根を

自신감을 갖고 펼치는 날개를

일본어에는 동음이의어가 참 많죠. じしん 역시 일상적인 대화에서 나올 법한 단어 중에 地震(지진), 自身(자신), 自信(자신감)이 있어요. '자신감'과 관련된 표현 몇 가지를 살펴 보면, 自信を持つ(자신감을 갖다), 自信がつく(자신감이 생기다), 自信がない(자신감 없다)와 같은 것들이 있답니다. 広げる는 공간이나 면적을 넓힐 때뿐만 아니라 범위나 규모를 키울 때도 사용하고 많은 것을 주변에 나열하듯 펼칠 때 역시 사용하는 말이에요. 그래서 '넓히다, 확장하다, 펴다, 펼치다'와 같이 표현할 수 있습니다. 事業を広げる(사업을 확장하다), 視野を広げる(시야를 넓히다), 本を広げる(책을 펼치다)처럼 말이죠.

▶ 自分に自信がない時はどうする？　본인에게 자신감이 없을 때는 어떻게 해?

▶ いつも部屋中に服を広げてコーディネートしてます。
늘 방 가득 옷을 펼쳐 놓고 코디해요.

折り方を知らなくても

접는 방법을 몰라도

동사의 ます형 뒤에 方를 붙이면 '~하는 방법'이라는 뜻으로, 일상적으로 자주 나오는 형태입니다. 자주 나올 법한 표현 몇 가지 봐 볼까요? 한자 읽는 법을 물어볼 때 漢字の読み方教えて(한자 읽는 법 알려 줘)라고 말하면 되고 말투가 듣기 불편한 사람을 가리켜서 話し方がきつい(말투가 까칠해)라고 표현할 수 있답니다. 그 외에도 作り方(만드는 방법), 使い方(사용법) 등 다양하게 응용하여 쓸 수 있겠죠?

▶ 私の歩き方、変ですか。　제 걸음걸이가 이상한가요?

▶ お箸の正しい持ち方って知ってますか。　젓가락을 바르게 잡는 법 알고 있어요?

STEP 03 눈과 귀로 한자 익히기

다시 Step 01로 가서 노래를 들으며 일본어 가사를 눈으로 읽어 보세요.

이 연습을 반복하면 일본어 한자와 어휘를 쉽게 익힐 수 있습니다.

STEP 04 한자 읽기와 어휘 확인

1. 다음 단어를 읽고 히라가나로 적어 보세요.

① 笑顔 _____

② 溢れる _____

③ 思い通り _____

④ 紙飛行機 _____

⑤ 限り _____

⑥ 距離 _____

⑦ 飛んでいる _____

⑧ 羽根 _____

⑨ 折り方 _____

⑩ 推進力 _____

2. 다음 단어의 뜻을 적어 보세요.

① 見上げる _____

② 思い通り _____

③ 頑張る _____

④ 願い乗せる _____

⑤ 力の限り _____

⑥ 競う _____

⑦ 一人ぼっち _____

⑧ 羽根 _____

⑨ 折り方 _____

⑩ 推進力 _____

 정답

1. ① えがお ② あふれる ③ おもいどおり ④ かみひこうき ⑤ かぎり ⑥ きょり ⑦ とんでいる
⑧ はね ⑨ おりかた ⑩ すいしんりょく
2. ① 올려다보다 ② 생각대로, 뜻대로 ③ 노력하다, 열심히 하다 ④ 소원을 싣다 ⑤ 힘을 다해, 힘 닿는
대로 ⑥ 경쟁하다, 겨루다 ⑦ 외톨이 ⑧ 날개 ⑨ 접는 방법 ⑩ 추진력

Unit 04

マリーゴールド
매리골드

あいみょん 아이묭

아이묭은 가수를 꿈꾸던 할머니와 전기 음향 설비 기술자인 아버지의 영향을 받고 자라며 중학교 때부터 작사・작곡을 한 싱어송라이터예요. 2014년부터 활동을 시작한 그녀는 4년만에 일본의 한 해를 마무리하는 대표적인 음악 프로그램 NHK 紅白歌合戰(코우하쿠우타캇센)(홍백가합전)에 출전하여 그 명성을 확인시켜 주기도 했답니다. 그녀의 노래가 많은 인기를 끌며 아티스트명인 아이묭이라는 이름도 함께 화제가 되었는데, 이것은 본명인 愛美(아이미)(아이미)에서 유래한 학창시절의 별명이었다고 해요. 또 미스테리어스한 분위기가 감도는 외모는 물론이고 중성적인 보이스와 독창적인 가사로 대중들의 주목을 받게 되었죠. 게다가 90년대 음악의 영향을 많이 받은 탓인지 아이묭이 노래하는 곡은 전체적으로 호황기를 누리던 그 시절의 제이팝을 상기시켜 주며 젊은 세대뿐만 아니라 기성세대들의 지지도 높아요. 'マリーゴールド(매리골드)'는 2018년에 발매한 5번째 싱글로, 색깔에 따라 다양한 꽃말을 가지고 있는 매리골드(금잔화)를 소재로 한 남녀의 애절한 연애사를 다룬 곡이에요. 아이묭 본인이 이 곡에 대해 '지난 시절을 그리워하는 현재 진행형인 러브송'이라고 밝힌 것을 보면, 바라보는 시각에 따라 다양하게 해석할 수 있다는 점도 이 곡이 갖는 매력 중의 하나인 듯 합니다. 심지어 뮤직비디오가 2019년 기준 유튜브 조회 수가 1억을 넘길 정도라고 하니 더욱 궁금해지시죠?

✿ 風の強さがちょっと
心を揺さぶりすぎて
真面目に見つめた
君が恋しい

✿ でんぐり返しの日々
可哀想なふりをして

だらけてみたけど
希望の光は

✿ 目の前でずっと輝いている
幸せだ

①

✿ 麦わらの帽子の君が
揺れたマリーゴールドに似てる
あれは空がまだ青い夏のこと
懐かしいと笑えたあの日の恋

揺さぶる 동요하다, 뒤흔들다

見つめる 주시하다, 바라보다

でんぐり返し 앞구르기

だらける 늘어지다, 게으르다, 나른해지다

麦わら 밀짚

懐かしい 그립다

真面目だ 성실하다, 진지하다, 착실하다

恋しい 그립다

可哀想だ 불쌍하다

似る 닮다, 비슷하다

세차게 부는 바람이 조금
마음을 심하게 뒤흔들길래
진지하게 바라봤어
네가 그리워

앞을 구르듯 돌고 도는 나날들
불쌍한 척을 하며
게으름을 피워 봤지만
희망의 빛은

눈앞에서 계속 빛나고 있어
행복해

①

밀짚모자를 쓰고 있는 너는
흔들리는 매리골드를 닮았어
그건 하늘이 아직 파랗던 여름날의 일
그립다며 웃음 짓던 그 날의 사랑

②

❀ 「もう離れないで」と
　泣きそうな目で見つめる君を
　雲のような優しさでそっとぎゅっと
　抱きしめて 抱きしめて 離さない

❀ 本当の気持ち全部
　吐き出せるほど強くはない
　でも不思議なくらいに
　絶望は見えない

❀ 目の奥にずっと写るシルエット
　大好きさ

❀ 柔らかな肌を寄せあい
　少し冷たい空気を二人
　かみしめて歩く今日という日に
　何と名前をつけようかなんて話して

吐き出す (はきだす)   토해내다, 뱉어내다
柔らかい (やわらかい)   부드럽다
寄せあう (よせあう)   맞대다, 갖다 대다

写る (うつる)   비쳐 보이다, 찍히다
肌 (はだ)   피부
かみしめる   이를 악물다, 꽉 깨물다

가사
해석

②

'이제 떠나지마' 라며
울 것 같은 눈으로 바라보는 너를
구름 같은 상냥함으로 살며시 꼬옥
끌어안고서 끌어안고서 놓지 않을래

진짜 속내 모두
뱉어낼 정도로 강하지는 않아
하지만 신기할 정도로
절망은 보이지 않아

눈동자 속에 계속 비치는 실루엣
정말 좋아

부드러운 살갗을 맞대고
조금 차가운 공기를 둘이서
이를 악물고 걷는 오늘이란 날에
뭐라 이름 지을까 라는 둥 얘기하고

가사 보며 강의 듣기

③

❀ ああ アイラブユーの言葉じゃ

足りないからとキスして

雲がまだ二人の影を残すから

いつまでも いつまでも このまま

❀ 遥か遠い場所にいても

繋がっていたいなあ

二人の想いが

同じでありますように

①

②

③

❀ 離さない

いつまでも いつまでも 離さない

어휘

足りない 모자라다, 부족하다　　遥か 아득하게 먼 모양, 아득히

繋がる 연결되다, 이어지다

가사 해석

③

아 I love you 라는 말로는
충분치 않다며 키스하고
구름이 아직 둘의 그림자를 남기니까
언제까지나 언제까지나 이대로

아득히 먼 곳에 있어도
이어져 있고 싶어라
둘의 마음이
같기를 빌어

①
②
③

놓지 않을래
언제까지나 언제까지나 놓지 않을래

心を揺さぶりすぎて
마음을 심하게 뒤흔들길래

揺さぶる는 앞뒤로 또는 좌우로 흔들리는 모양새를 나타내는 말로 상대에게 자극을 주어 동요하게 만든다는 의미로도 사용돼요. 揺さぶりすぎる는 '너무 뒤흔들다, 지나치게 동요하다'라는 말로, 여기서는 앞에 心(마음)가 나왔으니까 심리적으로 동요한 상태를 나타내는 표현이 되겠죠? 또 ~すぎる가 보통은 행동이나 상태가 지나치거나 과할 때 사용되는 말이지만 좋은 의미를 강조할 때도 쓰인답니다. い형용사는 い를 떼고, な형용사는 だ를 떼며 동사는 ます형 뒤에 すぎる를 접속하면 돼요. かわいすぎる(너무 귀엽다), 好きすぎる(너무 좋아하다), 食べすぎる(과식하다) 등 여러분들도 한 번 만들어 보세요.

▶ 赤ちゃんを激しく揺さぶってはいけません。 아기를 심하게 흔들어서는 안 됩니다.

▶ 喋りすぎてあごが痛い。 말을 너무 많이 해서 턱이 아파.

真面目に見つめた
진지하게 바라봤어

真面目라는 말은 일상에서 자주 나오는데 상황에 따라 다양하게 해석할 수 있는 단어 중 하나예요. 사람의 성격을 묘사할 때는 '성실하다' 또는 '착실하다'라는 의미로 표현되는가 하면 태도를 가리키는 경우에는 '거짓이 없다, 진지하다'라는 의미가 되기 때문이죠. 여기서는 진지하게 바라보는 태도가 되겠네요. 그런데 성격을 묘사하는 경우라고 해도 화자의 표정이나 말투에 따라 좋은 뜻이 되기도 하고 그렇지 않기도 하니까 문맥을 잘 이해할 필요가 있답니다.

▶ 彼は真面目に仕事をこなす。 그는 성실하게 일을 해내다.

▶ 彼は真面目すぎて冗談が通じない。 그는 너무 진지해서 농담이 통하지 않는다.

でんぐり返^{がえ}しの日々^{ひび}
앞을 구르듯 돌고 도는 나날들

でんぐり返^{がえ}しは 앞구르기를 가리켜요. 日々^{ひび}는 '나날, 하루하루'를 뜻하니까 でんぐり返^{がえ}し
の日々^{ひび}가 '앞구르기의 나날들' 다시 말해 앞을 구르듯 반복되는, 원하는 대로 술술 풀리지
않은 답답한 날들이 계속된다는 것을 의미하는 듯해요. 이 짧은 가사만 봐도 아이묭의 어
휘 선택이 독창적이고 비유 표현을 많이 쓴다는 평가를 실감할 수 있을 것 같네요.

▶ でんぐり返^{がえ}しができるコツを教^{おし}えてください。
앞구르기를 할 수 있는 요령을 가르쳐 주세요.

可哀想^{かわいそう}なふりをして
불쌍한 척을 하며

〜ふりをする는 '~인 척을 하다'라는 뜻이에요. 접속 방법을 품사별로 알려 드리자면 '명
사+のふり', 'な형용사+なふり' 그리고 い형용사와 동사는 보통형 다음에 바로 ふり가
옵니다. 참고로 可哀想^{かわいそう}는 '불쌍하다'라는 な형용사인데 가끔 かわいい (귀엽다)와 추량 표
현 そう가 합쳐진 형태로 '귀여울 것 같다'라는 단어라고 잘못 이해하시는 분들이 계
시더군요.

▶ 旦那^{だんな}はいつも聞^きいてるふりをしてる。　남편은 언제나 듣고 있는 척을 한다.
▶ 学生^{がくせい}のふりをして大学^{だいがく}に行^いってみました。　학생인 척을 하고 대학에 가 봤어요.

揺れたマリーゴールドに似てる
흔들리는 매리골드를 닮았어

'~을 닮다'라는 말은 ～に似る가 기본형이지만 실제로 쓰일 때에는 ～に似ている라고 표현되는 경우가 대부분입니다. 예를 들어 '어머니를 닮았어요'라고 할 때도 母に似ています라고 말하고 '닮은 연예인'이라고 할 때도 似ている芸能人이라고 표현한답니다. 만약 지금은 아니지만 한때 닮았었다는 과거의 이야기를 한다면 似ていた (닮았었다)라고 할 수 있고 부정형 '닮지 않았다'는 似ていない가 된답니다.

▶ 似てる有名人を診断してくれるアプリがあるらしいよ。
닮은 유명인을 찾아 주는 앱이 있는 모양이야.

▶ 誰にも似てないです。 아무도 닮지 않았어요.

泣きそうな目で見つめる君を
울 것 같은 눈으로 바라보는 너를

～そう는 전문 표현 '~라고 한다' 이외에도 '~일 것 같다'라는 추량 표현으로도 자주 쓰이죠. 다만 접속 방법이 다르니까 더이상 헷갈리지 않도록 이번 기회에 확실히 배우기로 해요. 전문의 의미로 쓰일 때는 모든 품사의 보통형 다음에 그대로 そう가 오지만 추량의 의미로 쓰일 때는 'い형용사・な형용사의 어간+そう', 동사 'ます형+そう'가 됩니다. 그래서 가사에 나오는 泣きそう (울다)는 泣く의 ます형인 泣き와 そう가 합쳐진 형태이겠죠? 보통 そう가 추량으로 쓰일 때는 비슷한 의미로 사용되는 よう・みたい (~인 것 같다)와는 다르게 현장감이 느껴지는 표현이다보니 가사에서는 '지금이라도 당장' 울 것 같다는 뉘앙스를 담고 있어요.

▶ 今にも雨が降りそうな空ですね。 당장이라도 비가 올 것 같은 하늘이네요.

▶ おいしそう! 맛있겠다!

本当の気持ち全部
진짜 속내 모두

우리에게 '정말'이라는 단어로 익숙한 本当는 '진실, 진심'이라는 의미도 가지고 있어요. 그래서 本当の気持ち라고 하면 本音(속내), 本心(본심), 内心(내심, 속마음) 등과 비슷한 뜻으로, 겉으로 드러내지 못한 안쪽 깊숙한 곳에 있는 마음을 가리킨답니다.

▶ 本当の自分を見つけて自分らしく生きたいです。
　진짜 나를 찾아서 나답게 살고 싶어요.

▶ 作品の本当の素晴らしさを感じた。 작품의 진정한 훌륭함을 느꼈다.

目の奥にずっと写るシルエット
눈동자 속에 계속 비치는 실루엣

奥는 '안쪽, 깊숙한 곳'을 뜻하는 말이죠. '속속들이'라고 할 때는 奥の奥まで라고 말하기도 하고요. 그래서 目の奥라고 하면 '눈의 안쪽', 다시 말해 '눈동자 속'을 가리키는 것 같아요. 写る는 사진에 형태나 모습이 찍힐 때 혹은 글자나 그림이 종이에 비쳐 보일 때 사용하는 말인 것을 감안하면 눈동자 속에 비친 모습은 사진이 찍히듯 기억에 남아 있는 '너'를 이야기하고 있는 게 아닐까요?

▶ 虫歯になりたくなかったら奥までしっかり磨いて。
　충치 생기기 싫으면 안쪽까지 제대로 닦아.

▶ この写真に写ってる人タグできる? 이 사진에 찍힌 사람 태그할 수 있어?

柔らかな肌を寄せあい

부드러운 살갗을 맞대고

肌는 '살' 또는 '피부'를 뜻하는 말인데 '피부과, 피부염' 등 의학적인 용어로 사용될 때는 皮膚라고 말하기도 해요. 여기서는 몸을 밀착시키는 모습을 묘사하고 있으니까 肌가 어울리겠죠? 보통 '피부가 곱다, 깨끗하다'라는 표현은 肌がきれい라고 한답니다. 뒤에 이어 나오는 寄せあう는 서로 가까이 다가가 접촉하는 것을 의미하고 肩を寄せあう는 '어깨를 서로 맞대다' 다시 말해 약한 사람들이 서로 도우며 사는 것을 뜻해요.

▶ きれいな肌を保つためにお手入れは欠かせません。
   깨끗한 피부를 유지하기 위해 관리는 빠트릴 수 없어요.

▶ 身を寄せあって台風が去るのを待ちました。
   서로 몸을 맞대고 태풍이 지나가길 기다렸습니다.

何と名前をつけようかなんて話して

뭐라 이름 지을까 라는 둥 얘기하고

名前をつける는 '이름을 짓다'이고 뒤에 나오는 ～ようか는 의지형에 의문형이 붙은 형태예요. 그래서 名前をつけようか는 '이름을 지을까'라는 뜻이 되겠죠. 그리고 ～なんて는 어떤 동작을 경시하는 느낌을 나타낼 때 쓰는 회화체예요. など, なんか와도 바꿔 쓸 수 있는 말입니다. '시답잖게 뭐라고 이름 지을까 같은 얘기하고' 시간을 보내고 있다는 내용인 것 같아요.

▶ 挑戦なんて面倒くさい。 도전 같은 거 귀찮아.

▶ できないなんて言ってる場合じゃないよ。 못한다는 둥 말하고 있을 때가 아니야.

二人の想いが同じでありますように

둘의 마음이 같기를 빌어

~ようには '~하도록' 또는 '~인 것 처럼'과 같은 의미 이외에 희망하는 바를 밝힐 때도 쓰인다는 사실 알고 계셨나요? 일상 대화에서 등장하는 빈도는 적을 수 있지만 문장 끝에 나와서 明日晴れますように (내일 맑기를)처럼 말이죠. 여기서처럼 ~でありますように를 그대로 응용한다면 幸せでありますように (행복하기를) 또는 よい1日でありますように (좋은 하루이기를)처럼 쓸 수 있답니다.

▶ あなたがこれからも幸せでありますように。 당신이 앞으로도 행복하기를.

▶ いつか叶いますように。 언젠가 이루어지기를.

STEP 03 눈과 귀로 한자 익히기

다시 Step 01로 가서 노래를 들으며 일본어 가사를 눈으로 읽어 보세요.
이 연습을 반복하면 일본어 한자와 어휘를 쉽게 익힐 수 있습니다.

STEP 04 한자 읽기와 어휘 확인

1. 다음 단어를 읽고 히라가나로 적어 보세요.

① 揺さぶり

_____

② 真面目

_____

③ 可哀想

_____

④ 輝いている

_____

⑤ 帽子

_____

⑥ 懐かしい

_____

⑦ 写る

_____

⑧ 柔らか

_____

⑨ 影

_____

⑩ 遥か

_____

2. 다음 단어의 뜻을 적어 보세요.

① 揺さぶる　　_____

② でんぐり返し　_____

③ だらける　　_____

④ 輝く　　　　_____

⑤ 懐かしい　　_____

⑥ 見つめる　　_____

⑦ 吐き出す　　_____

⑧ 寄せあう　　_____

⑨ かみしめる　_____

⑩ 遥か　　　　_____

정답

1. ① ゆさぶり ② まじめ ③ かわいそう ④ かがやいている ⑤ ぼうし ⑥ なつかしい ⑦ うつる ⑧ やわらか ⑨ かげ ⑩ はるか
2. ① 뒤흔들다, 동요하다 ② 앞구르기 ③ 늘어지다, 게으르다, 나른해지다 ④ 빛나다 ⑤ 그립다 ⑥ 바라보다, 주시하다 ⑦ 토해내다, 내뱉다 ⑧ 맞대다, 갖다 대다 ⑨ 이를 악물다, 꽉 깨물다 ⑩ 아득하게 먼 모양, 아득히

Unit 05

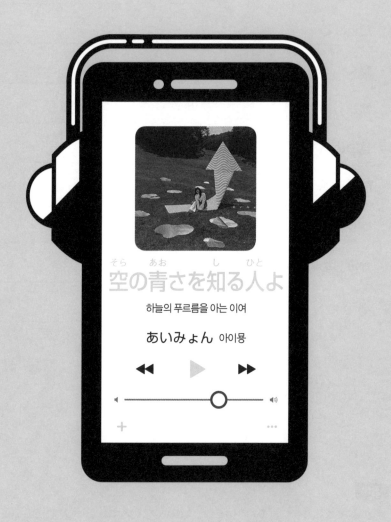

空の青さを知る人よ

하늘의 푸르름을 아는 이여

あいみょん 아이몽

아이묭의 9번째 싱글 앨범에 수록된 '空の青さを知る人よ(하늘의 푸르름을 아는 이여)'는 곡명과 같은 2019년에 개봉한 애니메이션 '空の青さを知る人よ(하늘의 푸르름을 아는 이여)'의 주제가예요. 어른들의 감성을 제대로 자극하는 것으로 유명한 長井龍雪(나가이 타츠유키) 감독의 최신작이니 만큼 개봉 전부터 작품에 대한 관심이 높았답니다. 영화의 캐치 프레이즈 'これは、せつなくてふしぎな、二度目の初恋の物語(이것은 애절하고 신비로운 두 번째 첫사랑 이야기)'에서 엿볼 수 있듯 청춘의 성장과 사랑을 회상하게 만드는 작품이죠. 언제나처럼 아이묭특유의 시선으로 해석된 이번 곡은 30대 남녀의 갈등과 사춘기 소녀의 복잡한 심정을 그려낸 애니메이션의 윤곽을 잘 살려, 멜로디와 가사가 작품과 찰떡이라고 하네요. 뮤직비디오에 등장하는 그녀가 파란 하늘을 배경으로 흰 티셔츠에 청바지를 입고 있다는 점도 상징하고자 하는 바가 무엇인지 뚜렷하게 보여주는 장치인 것 같아요.

☘ 全然好きじゃなかった

ホラー映画とキャラメル味のキス

全然好きになれなかった

それなのにね

今は悲鳴をあげながら

君の横顔を探している

☘ 空虚な心の落とし穴

暗すぎて何も見えない

根拠なんて一つもないのにさ

身体が走り出してく

①

☘ 赤く染まった空から

溢れ出すシャワーに打たれて

流れ出す浮かび上がる

一番弱い自分の影

青く滲んだ思い出隠せないのは

もう一度同じ日々を

求めているから

어휘

悲鳴をあげる 비명을 지르다　　空虚 공허

落とし穴 함정, 빠트리기 위해 만든 구덩이

根拠 근거　　身体 몸, 신체

走り出す 달리기 시작하다　　染まる 물들다

溢れ出す 흘러 넘치다　　打たれる 맞다

浮かび上がる 떠오르다, 부상하다　　滲む 번지다, 스미다

가사
해석

전혀 좋아하지 않았어
공포 영화와 캐러멜 맛의 키스
전혀 좋아할 수 없었어
그런데도 말이야
지금은 비명을 지르며
너의 옆모습을 찾고 있어

공허한 마음의 함정
너무 어두워서 아무것도 보이지 않아
근거라고는 하나도 없는데 말이야
몸이 달려가기 시작해

①

붉게 물든 하늘로부터
흘러 넘친 샤워를 맞으며
흘러 나와 떠오르는
가장 약한 자신의 그림자
푸르게 번진 추억 숨기지 못한 것은
다시 한 번 같은 나날을
바라고 있으니까

❀ 全然好きじゃなかった
ほら、あの呼び方漫画の主人公みたいで
全然好きになれなかったんだ

それなのにね
今も似た言葉に身体が動くよ
皮肉な思い出なのさ

❀ 何回も右往左往してみても
暗すぎて何も見えない
そうかい まだ隠れているのかい
飛び出しておいでメモリー

❀ 高く掲げた掌
届く気がしたんだ確かに
回り出す襲いかかる
悪魔の顔をした奴らが
会いたい人に会えない
そんな悪夢を
雲に変えて食べてやるよ
悲しくなるから

어휘

隠す 감추다, 숨기다

呼び方 부르는 방법, 호칭

漫画 만화

主人公 주인공

皮肉 비아냥거리는 것, 비꼼, 얄궂음, 짓궂음

右往左往 우왕좌왕

隠れる 숨다

飛び出す 튀어나오다

掲げる 걷어 올리다, 치켜 올리다

掌 손바닥

襲いかかる 덮쳐들다, 덤벼들다

悪魔 악마

奴ら 녀석들

悪夢 악몽

가사 해석

전혀 좋아하지 않았어
저것 봐, 호칭이 만화 주인공 같아서
전혀 좋아할 수 없었거든
그런데도 말이야
지금도 비슷한 말에 몸이 움직여
짓궂은 추억이란다

몇 번이고 우왕좌왕해 봐도
너무 어두워서 아무것도 보이지 않아
그런 거니 아직 숨어 있는 거니
튀어나와 오렴 메모리

높게 뻗은 손바닥
닿을 것만 같았어 확실히
돌기 시작해 덤벼들어
악마의 얼굴을 한 녀석들이
만나고 싶은 사람과 만날 수 없는
그런 악몽을
구름으로 바꿔 먹어 버리겠어
슬퍼지니까

✿ いつも いつも いつも いつも

<ruby>君<rt>きみ</rt></ruby>が <ruby>君<rt>きみ</rt></ruby>が <ruby>君<rt>きみ</rt></ruby>が <ruby>君<rt>きみ</rt></ruby>が

<ruby>最初<rt>さいしょ</rt></ruby>にいなくなってしまう

なんで なんで なんで なんで

<ruby>僕<rt>ぼく</rt></ruby>に <ruby>僕<rt>ぼく</rt></ruby>に <ruby>僕<rt>ぼく</rt></ruby>に <ruby>僕<rt>ぼく</rt></ruby>に

さよならも<ruby>言<rt>い</rt></ruby>わずに

<ruby>空<rt>そら</rt></ruby>になったの

①

✿ <ruby>君<rt>きみ</rt></ruby>が<ruby>知<rt>し</rt></ruby>っている

<ruby>空<rt>そら</rt></ruby>の<ruby>青<rt>あお</rt></ruby>さを<ruby>知<rt>し</rt></ruby>りたいから

<ruby>追<rt>お</rt></ruby>いかけている

<ruby>追<rt>お</rt></ruby>いかけている

<ruby>届<rt>とど</rt></ruby>け

^お
追いかける　뒤쫓아 가다

항상 항상 항상 항상
네가 네가 네가 네가
먼저 사라져 버려
어째서 어째서 어째서 어째서
나에게 나에게 나에게 나에게
안녕이라는 말도 없이
하늘이 된 거야?

①

네가 알고 있는
하늘의 푸르름을 알고 싶으니까
쫓아가고 있어
쫓아가고 있어
닿아라

全然好きになれなかった

전혀 좋아할 수 없었어

우리가 무언가를 '좋아하게 되다'라고 표현할 때 일본어로 好きになる라고 얘기합니다. 彼のことが好きになった(그 사람을 좋아하게 됐어)와 같은 말을 할 때 사용할 수 있겠죠. 그런데 '좋아할 수 있다'고 얘기할 때는 好きにできる라고 하지 않고 好きになれる라고 표현하는 게 맞습니다. 그래서 어떻게 해도 좋아지지 않는 것, 좋아할 수 없는 것에는 好きになれない라는 말을 쓰게 돼요. 이 곡의 주인공은 그게 공포 영화와 캐러멜 맛 키스였던 모양이에요.

▶ どうしてもにんじんが好きになれない。 아무리 노력해도 당근을 좋아할 수 없다.

▶ 好きになれたらいいな。 좋아할 수 있으면 좋겠다.

空虚な心の落とし穴

공허한 마음의 함정

사랑에 빠진 사람이라면 누구나 느꼈을 법한 혼자 보내는 시간의 공허한 마음을 글자 그대로 표현한 가사입니다. 落とし穴는 '함정' 또는 '일종의 덫 역할을 하는 깊게 판 구덩이'를 뜻해요. 그래서 공허한 마음 때문에 저지르게 되는 실수를 의미할 수도 있고 구덩이에 떨어진 것과 같은 기분을 비유적으로 나타낸 것일 수도 있을 것 같아요. 뒤에 이어 나오는 暗すぎて何も見えない(너무 어두워서 아무것도 보이지 않아)라는 가사가 그 심정을 잘 설명해 주는 것 같죠? 가끔 일본 예능 방송에서 타깃이 된 연예인을 골탕 먹이려고 구덩이를 파고 몰래 카메라를 설치하는 장면을 목격할 수 있으실 텐데 거기서 사람이 걸어 가다가 떨어지는 구멍이 바로 落とし穴랍니다.

▶ 落とし穴掘るの手伝って！ 구덩이 파는 거 도와줘!

▶ 契約書には意外な落とし穴があるので気をつけた方がいいです。
계약서에는 뜻밖의 함정이 있으니까 조심하는 편이 좋아요.

溢れ出すシャワーに打たれて

홀러 넘친 샤워를 맞으며

'샤워를 하다'는 シャワーを浴びる 입니다. 그런데 여기서는 실제로 몸을 씻는다는 의미에서의 샤워를 얘기하는 것은 아닌 듯 해요. 앞 소절에서 나오는 赤く染まった空(붉게 물든 하늘) 다시 말해 석양을 마치 샤워하듯 내리쬔 모습을 나타낸 것이거나 그 하늘에서 비가 쏟아져 맞았다는 것을 의미한 것 같아요. 어느 쪽이 됐든 打たれる(맞다, 가격을 당하다)라는 표현을 보면 자극을 받았다는 사실은 확실히 알 수 있겠어요.

▶ 冷たい風に打たれながらも気分がよかった。 찬 바람을 맞으면서도 기분이 좋았다.

▶ 雨に打たれてびしょ濡れです。 비를 맞아 흠뻑 젖었어요.

青く滲んだ思い出隠せないのは

푸르게 번진 추억 숨기지 못한 것은

滲む는 '번지다, 스미다'라는 뜻을 가진 단어로, 액체가 넓게 젖어 퍼지는 상태를 나타냅니다. 펜으로 글을 쓰다가 글자가 번졌을 때 文字が滲む라고 표현할 수 있어요. 또 액체가 어렴풋하게 나올 때도 사용할 수 있어서 涙が滲む(눈물이 번지다), 즉 눈물이 글썽거리는 모습을 나타내기도 해요. 여기서 말하는 青く滲んだ思い出(푸르게 번진 추억)는 파릇파릇한 청춘을 비유한 표현인 것 같죠?

▶ 手に書いておいた字が汗で滲んでよく見えない。
  손에 써 둔 글자가 땀으로 번져서 잘 안 보여.

▶ 画面が割れて液晶が滲んでしまいました。
  화면이 깨져서 액정이 번지게 돼 버렸어요.

皮肉な思い出なのさ

짓궂은 추억이란다

皮肉는 다양한 쓰임이 있는 단어이기 때문에 문맥을 이해하는 것이 중요해요. 한자 그대로 皮(가죽)와 肉(살)를 나타내기도 하고 표면적이고 피상적인 것을 의미할 수도 있어요.

그런데 가장 많이 쓰이는 경우는 에둘러 비아냥거리듯 상대의 결점을 비난할 때와 기대했던 것과 전혀 다른 결과가 나타났을 때입니다. 예를 들어 皮肉を言う(비꼬아 말하다)라든지 皮肉な質問(짓궂은 질문), 皮肉なことに(아이러니하게도)처럼 쓰인다는 거죠.

▶ 皮肉を言うような人にはなりたくないです。

비아냥거리듯 말하는 사람은 되고 싶지 않아요.

▶ 皮肉にも振られてからモテるようになった。

아이러니하게도 차이고 나서 인기가 많아졌다.

そうかい まだ隠れているのかい

그런 거니 아직 숨어 있는 거니

어미에 ～かい가 붙는다면 의문을 가지고 있거나 질문하고 있는 상황이라고 이해하면 됩니다. ですか 혹은 ますか의 구어체인데 친밀하고 편한 관계에서 쓰는 어투이기 때문에 손윗사람에게는 쓰지 않는 게 좋아요. 보통 남성어로 간주하지만 여성도 사용할 수 있습니다. 중성적인 느낌을 자아내는 아이몽답게 가사에 적절히 사용한 것이 아닌가 싶네요.

▶ 先生は美人かい？　선생님은 미인이니?

▶ 一緒に行くかい？　함께 갈텐가?

飛び出しておいでメモリー

튀어나와 오렴 메모리

앞에서 설명 드렸 듯 ~出する는 '~하기 시작하다'라는 의미를 갖기 때문에 飛び出する는 '날기 시작하다'도 되지만 여기서처럼 '안에서 바깥으로 튀어나오다'라는 뜻도 가져요. 숨어 있는 기억을 부르고자 '튀어나와'라고 표현한 거예요. おいで는 본래 行く(가다), 来る(오다)의 존경어이지만 おいで 뒤에 아무것도 붙지 않고 문장이 마무리되는 경우는 '가렴, 오렴'과 같이 친근감을 느낄 수 있는 명령형이 된답니다.

▶ 高速道路でいきなり動物が飛び出して来て心臓止まるかと思った。

고속도로에서 갑자기 동물이 튀어 나와서 심장 멎을 뻔했다.

▶ こっちおいで。 이리 오렴.

雲に変えて食べてやるよ

구름으로 바꿔 먹어 버리겠어

'(내가 남에게) ~해 주다'는 ~てあげる라고 말하지만 그 행위 대상이 친구, 아랫사람, 형제와 같이 심리적 거리감이 가까운 경우 ~てやる를 사용할 수 있어요. 그런데 남에게 해 주는 행위가 아니더라도 본인의 결의나 결심이 얼마나 강한지 나타내고 싶을 때도 이 말을 한답니다. 시험에 합격하고 싶은 불타는 열의를 나타내는 경우라면 絶対合格してやる (반드시 합격하고야 말겠어)라고 표현하거든요. 가사에서 역시 상대에게 무언가를 해 준다기 보다는 악몽 따위 구름으로 바꿔 먹어 버리겠다는 그런 결의를 다지는 모습이라고 볼 수 있겠죠?

▶ きれいになって見返してやる。 예뻐져서 되갚아 주겠어.

▶ いくらでも買ってやるよ。 얼마든지 사 줄게.

STEP 03 눈과 귀로 한자 익히기

다시 Step 01로 가서 노래를 들으며 일본어 가사를 눈으로 읽어 보세요.
이 연습을 반복하면 일본어 한자와 어휘를 쉽게 익힐 수 있습니다.

STEP 04 한자 읽기와 어휘 확인

1. 다음 단어를 읽고 히라가나로 적어 보세요.

① 悲鳴 _____

② 空虚 _____

③ 根拠 _____

④ 滲んだ _____

⑤ 皮肉 _____

⑥ 右往左往 _____

⑦ 掌 _____

⑧ 襲いかかる _____

⑨ 悪魔 _____

⑩ 悪夢 _____

2. 다음 단어의 뜻을 적어 보세요.

① 悲鳴をあげる _____

② 落とし穴 _____

③ 走り出す _____

④ 浮かび上がる _____

⑤ 滲む _____

⑥ 皮肉 _____

⑦ 掲げる _____

⑧ 掌 _____

⑨ 襲いかかる _____

⑩ 奴ら _____

Unit 06

Aimer는 2011년도부터 활동하기 시작한 일본 가수로, 아티스트명은 본인이 오랫동안 애칭으로 사용하던 불어인 'Aimer(사랑하다, 좋아하다)'에서 유래했답니다. 그녀는 밴드에서 베이스를 담당하던 아버지의 영향으로 재즈나 블루스를 가까이하며 자랐고 피아노를 배우기 시작한 초등학생 때는 椎名林檎 (시이나 링고)와 宇多田ヒカル (우타다 히카루)의 음색을 따라하며 노래했다고 해요. Aimer는 따스한 허스키 보이스를 가진 것으로도 유명한데, 이것은 15살 때 목소리를 너무 혹사한 나머지 성대를 다쳤고 회복해 가는 과정에서 성대 결절을 앓았기 때문이랍니다. 그런데 그렇게 얻게 된 지금의 목소리를 유지하기 위해 완치시키지 않았다는 점이 참 인상적인 것 같아요. 노래 'カタオモイ (짝사랑)'는 2016년에 발매된 앨범에 수록된 곡으로, 방탄소년단의 RM이 추천하면서 팬들 사이에서 관심이 모아졌던 모양이에요. 그런데 타이틀에서 연상할 수 있는 '짝사랑'을 테마로 한 곡이 아니라 변함없는 마음과 욕심 없는 애정을 짝사랑을 하는 모습에 비유하여 담은 노래로, 사랑하는 사람에게 보내는 연기라 생각하고 감상하면 좋을 것 같습니다. 제목을 가타카나로 표기한 것도 片思い라고 한자로 쓰면 두드러지는 片 (한쪽)라는 글자를 보는 사람으로 하여금 상기시키게 하지 않으려는 의도 때문이 아닌가 싶어요.

❀ 例えば君の顔に昔よりシワが増えても

それでもいいんだ

僕がギターを思うように弾けなくなっても

心の歌は君で溢れているよ

高い声も出せずに思い通り歌えない

それでもうなずきながら一緒に歌ってくれるかな

割れんばかりの拍手も響き渡る歓声もいらない

君だけ分かってよ 分かってよ

❀ Darlin'夢が叶ったの

お似合いの言葉が見つからないよ

Darlin'夢が叶ったの

「愛してる」

例^{たと}えば 예를 들면	シワ 주름
増^ふえる 늘다, 늘어나다	弾^ひく 악기를 연주하다, 켜다, 치다

うなずく 고개를 끄덕이다, 수긍하다

割^われんばかり 정도가 몹시 크고 유별난 모양새를 비유적으로 나타내는 말

拍手^{はくしゅ} 박수	響^{ひび}き渡^{わた}る 울려 퍼지다
歓声^{かんせい} 환호성	お似合^{にあ}い 잘 어울림

예를 들어 너의 얼굴에 옛날보다 주름이 늘어도
그래도 괜찮아
내가 기타를 뜻대로 못 치게 돼도
마음의 노래는 너로 넘치고 있어
높은 음도 내지 못하고 원하는 대로 노래하지 못해
그래도 고개 끄덕이며 함께 노래 불러 주려나
열광적인 박수갈채도 울려 퍼지는 환호성도 필요 없어
너만 알아줘 알아줘

달링 꿈이 이뤄진 거야
잘 어울리는 말을 찾을 수 없어
달링 꿈이 이뤄진 거야
'사랑해'

たった一度の たった一人の

生まれてきた幸せ味わってるんだよ

今日がメインディッシュで

終わりの日には甘酸っぱいデザ ートを食べるの

山も谷も全部フルコースで

気が利くような言葉はいらない

素晴らしい特別もいらない

ただずっとずっと側に置いていてよ

僕の想いは歳をとると増えてくばっかだ

好きだよ

分かってよ 分かってよ

ねえ、Darlin'夢が叶ったの

お似合いの言葉が見つからないよ

Darlin'夢が叶ったの

愛が溢れていく

어휘

味わう 맛보다, 음미하다
谷 계곡, 골짜기
歳をとる 나이를 먹다

甘酸っぱい 새콤달콤하다
気が利く 눈치가 빠르다

가사 해석

단 한 번의 단 한 사람이
세상에 태어난 행복을 맛보고 있는 거야
오늘이 메인 요리이고
마지막 날에는 새콤달콤한 맛의 디저트를 먹는 거야
산도 골짜기도 전부 풀코스로
센스 있는 말은 필요 없어
근사한 특별함도 필요 없어

그저 계속 계속 곁에 두고 있어 줘
나의 마음은 나이를 먹으면 늘어나기만 할 뿐이야
좋아해
알아줘 알아줘

있잖아, 달링 꿈이 이뤄진 거야
잘 어울리는 말을 찾을 수 없어
달링 꿈이 이뤄진 거야
사랑이 흘러 넘쳐만 가

❀ 君が僕を忘れてしまってもちょっと辛いけど…

それでもいいから

僕より先にどこか遠くに旅立つことは

絶対許さないから

生まれ変わったとしても出会い方が最悪でも

また僕は君に恋するんだよ

僕の心は君にいつも片想い 好きだよ

分かってよ 分かってよ 分かってよ

❀ Darlin' 夢が叶ったの

お似合いの言葉が見つからないよ

Darlin' 夢が叶ったの

❀ ねえ、Darlin'「愛してる」

辛い　괴롭다

旅立つ　여행을 떠나다, 죽다

許す　용서하다

生まれ変わる　다시 태어나다, 환생하다

出会い方　만남, 만나는 방식

片想い　짝사랑

네가 나를 잊어버린다 해도 조금 괴롭겠지만…

그래도 괜찮으니까

나보다 먼저 어딘가로 멀리 떠나는 건

절대 용서하지 않을 거니까

다시 태어난다 해도 만남이 최악이라 해도

또 나는 너를 사랑하게 될거야

내 마음은 너를 언제나 짝사랑해 좋아해

알아줘 알아줘 알아줘

달링 꿈이 이뤄진 거야

잘 어울리는 말을 찾을 수 없어

달링 꿈이 이뤄진 거야

있잖아, 달링 '사랑해'

それでもうなずきながら一緒に歌ってくれるかな

그래도 고개 끄덕이며 함께 노래 불러 주려나

うなずく는 '고개를 끄덕이다' 또는 '수긍하다'라는 의미를 가져요. 우리가 상대방의 의견에 수긍할 때 고개를 끄덕이고는 하죠. 여러분들도 노래하는 가수를 보면서 고개를 살짝 끄덕이며 따라 부르신 적이 있지 않나요? 그런 모습을 묘사하고 있는 장면입니다. 어미에 나오는 かな는 본인의 의견을 조심스럽게 밝힐 때 사용하는 경우가 많아요. '~이려나?, ~일까?'와 비슷한 뉘앙스의 말로, 단정지을 수 없는 불확실한 화자의 심정을 잘 표현하고 있는 대목인 것 같아요.

▶ 変なタイミングでうなずくと逆に聞いてないような気がする。
　　이상한 타이밍에 끄덕거리면 오히려 듣고 있지 않은 듯한 느낌이 든다.

▶ 明日また来てくれるかな。 내일 또 와 주려나.

割れんばかりの拍手も

열광적인 박수갈채도

割れんばかり라는 것은 '깨질 듯이 크다', 다시 말해 정도가 몹시 크고 유별난 것을 비유적으로 나타내는 말로, 보통 박수나 환호성을 묘사할 때 쓰입니다. '성대한, 열광적인' 정도의 의미라고 생각해 주세요. 본래 〜んばかり가 '(지금이라도)~할 듯하다'라고 해서 추량 표현 そう와 비슷한 역할을 하거든요.

▶ 割れんばかりの歓声が会場を埋め尽くした。
　　성대한 환호성이 홀을 가득 메웠다.

▶ 子供は溢れんばかりの笑みで抱きついてきました。
　　아이는 흘러 넘칠 듯한 미소로 안겨 왔어요.

響き渡る歓声もいらない
울려 퍼지는 환호성도 필요 없어

響く (울리다)와 渡る (건너다)가 합쳐진 복합 동사 響き渡る는 '소리나 목소리가 울려 퍼지다' 또는 '세상에 널리 알려지다'라는 뜻을 가져요. 이렇게 渡る가 붙는 동사로 吹き渡る (바람이 지나가면서 불다), 立ち渡る (구름이나 안개가 자욱이 끼다) 등이 있답니다.

▶ 彼女の名前は世界中に響き渡った。 그녀의 이름은 전 세계에 널리 알려졌다.

▶ 吹き渡る風が冷たい朝ですね。 지나가며 부는 바람이 찬 아침이네요.

お似合いの言葉が見つからないよ
잘 어울리는 말을 찾을 수 없어

お似合い는 似合う (어울리다)라는 동사에서 파생된 단어로 보통 잘 어울리는 커플에게 쓰는 말이에요. 주로 お似合いの○○(잘 어울리는 ○○) 또는 お似合いですね(잘 어울리시네요)와 같이 정형화된 문구로 사용된답니다. 가사에서는 이 상황 혹은 기분에 어울리는 말을 찾을 수 없다는 것과 동시에 '나'와 '달링'보다 잘 어울리는 관계를 찾을 수 없다는 이중적인 의미를 담고 있는 것 같아요.

▶ お似合いのご夫婦ですね。 잘 어울리는 부부네요.

▶ 周りからお似合いだと言われたい。 주변에서 잘 어울린다는 소리를 듣고 싶어.

生まれてきた幸せ味わってるんだよ

세상에 태어난 행복을 맛보고 있는 거야

生まれる가 '태어나다'라는 뜻이라면 生まれてくる는 '태어나 오다'일까요? 둘 다 우리나라에서는 '태어나다'라고 해석하는 편이 좋겠지만 살짝 의미하는 바가 달라요. 生まれる는 탄생 그 자체를 표현할 때 사용한다면 生まれてくる는 태어나 세상에 존재하는 것 혹은 그 과정에 의미를 둘 때 쓰게 됩니다. 하지만 엄밀히 구분하는 것은 아니니 느낌의 차이만 알 수 있으면 그것으로 충분해요. 참고로 味わう는 충분히 느낀다는 의미에서의 '맛보다, 음미하다'라는 뜻을 갖기 때문에 간을 본다는 의미에서의 味見する(맛 보다)와는 쓰임이 다르답니다.

▶ 生まれてきてくれてありがとう。 태어나 줘서 고마워.

▶ 人生の楽しさを存分に味わってほしいです。
인생의 즐거움을 마음껏 음미해 줬으면 해요.

今日がメインディッシュで終わりの日には 甘酸っぱいデザートを食べるの

오늘이 메인 요리이고 마지막 날에는 새콤달콤한 맛의 디저트를 먹는 거야

이 곡의 주제가 되는 소절을 꼽으라면 저는 주저하지 않고 이 부분을 선택할 것 같아요. 인생을 코스 요리에 비유해 메인 요리인 오늘은 두 사람에게 아주 중요한 날이고 디저트를 먹게 되는 終わりの日(끝나는 날, 마지막 날)에는 인생의 단맛과 쓴맛을 느끼며 마무리하겠다는 마음을 노래하고 있는 듯 하거든요. 甘酸っぱい(새콤달콤하다)처럼 단맛과 관련된 단어에는 甘苦い(달콤쌉싸름하다), 甘塩っぱい(달콤짭짤하다) 등과 같은 말이 있어요. 甘塩っぱい는 요샛말로 '단짠'이라고도 표현할 수 있겠네요.

▶ 夏の終わり頃はいつも甘苦い味がする。 여름의 끝자락은 늘 달콤쌉싸름한 맛이 난다.

気が利くような言葉はいらない

센스 있는 말은 필요 없어

気が利く는 세세한 곳까지 신경을 쓰는 것, 마음씨나 배려가 전달된다는 의미에서의 '눈치가 빠르다, 센스가 있다'라는 뜻이에요. 반면 남의 마음을 재빠르게 알아차린다는 뜻으로 쓰이는 '눈치가 빠르다'는 すぐ気づく, 勘が鋭い 등으로 표현할 수 있을 것 같아요. 이걸 노래하는 화자는 상대를 너무 좋아해서 그런 것 따위 바라지 않는 모양이지만, 사회생활을 하다 보면 이런 자질을 갖춘 사람들이 예쁨을 받게 되니 気が利く人가 되려면 무엇이 필요한지 생각해 보는 것도 나쁘지 않겠어요.

▶ 君はいつも気が利くね。 자네는 항상 센스가 있어.

▶ 気の利いたプレゼントは喜ばれると思います。
센스 있는 선물은 (받고) 좋아할 것 같아요.

ずっと側に置いていてよ

계속 곁에 두고 있어 줘

물리적인 거리를 나타내는 '옆'은 隣, 横, 側 모두 쓸 수 있지만 추상적 개념으로서의 '옆, 곁'에는 주로 側를 쓰는 편입니다. 흔히들 표현하는 '내 곁에 있어 줘'라는 것도 私の側にいて가 되죠. 여기서도 역시나 그런 의미로 쓰인 것인데, 뒤에 이어 나오는 置いていてよ라는 말이 꽤 깜찍한 것 같습니다. 置いていく (두고 가다)는 사물과 사람 어느 경우든 잘 쓰지만 置いている (두고 있다)라는 표현은 사람을 대상으로 쓰는 경우가 흔치 않거든요. '나'를 마치 사물인양 곁에 두고 있으라니.

▶ 実は家にかなりの現金を置いてます。 사실은 집에 꽤 많은 돈을 두고 있어요.

STEP 03 눈과 귀로 한자 익히기

다시 Step 01로 가서 노래를 들으며 일본어 가사를 눈으로 읽어 보세요.
이 연습을 반복하면 일본어 한자와 어휘를 쉽게 익힐 수 있습니다.

STEP 04 한자 읽기와 어휘 확인

1. **다음 단어를 읽고 히라가나로 적어 보세요.**

① 増えても

_____

② 拍手

_____

③ 歓声

_____

④ お似合い

_____

⑤ 甘酸っぱい

_____

⑥ 気が利く

_____

⑦ 辛い

_____

⑧ 許さない

_____

⑨ 出会い

_____

⑩ 片想い

_____

2. 다음 단어의 뜻을 적어 보세요.

① シワ

_____

② 割れんばかり

_____

③ 響き渡る

_____

④ 味わう

_____

⑤ 甘酸っぱい

_____

⑥ 気が利く

_____

⑦ 歳をとる

_____

⑧ 旅立つ

_____

⑨ 生まれ変わる

_____

⑩ 恋する

_____

정답

1. ①ふえても ②はくしゅ ③かんせい ④おにあい ⑤あまずっぱい ⑥きがきく ⑦つらい
⑧ゆるさない ⑨であい ⑩かたおもい
2. ①주름 ②성대함, 열광적 ③울려 퍼지다 ④맛보다, 음미하다 ⑤새콤달콤하다 ⑥눈치가 빠르다
⑦나이를 먹다 ⑧여행을 떠나다, 죽다 ⑨다시 태어나다, 환생하다 ⑩사랑하다, 연애하다

Unit 07

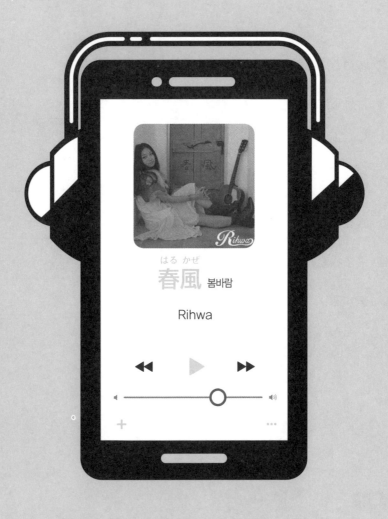

春風 <ruby>春<rt>はる</rt>風<rt>かぜ</rt></ruby> 봄바람

Rihwa

Rihwa는 본명이 박리화인 재일 교포 4세 싱어송라이터예요. 음악에 대한 특별한 재능이나 애정 없이 중학교 때까지 일본에 살다가 아버지의 권유로 캐나다에 유학을 가게 되었다고 해요. 그렇게 진학하게 된 고등학교 행사에서 켈리 클락슨(Kelly Clarkson)의 'Because of you'를 부르며 가수가 되기로 결심했다고 합니다. 음악이 언어의 장벽을 뛰어넘어 뜨거운 것을 만들어낼 수 있다는 감각이 잊혀지지 않았기 때문이라네요. 졸업 후 2009년에 일본으로 돌아와 삿포로를 중심으로 라이브 활동을 시작하고 이듬해에 첫 싱글 앨범을 발매했어요. 처음 활동을 시작했을 때는 오전에 시작하는 아르바이트를 중심으로 생계를 유지하고 밤에는 곡을 만들며 기타 연습에 전념했다고 하는데, 그러한 그녀의 성실함과 긍정적인 기운은 투명하고 밝은 음성에서도 느낄 수 있을 것 같아요. '春風(봄바람)'는 三浦春馬(미우라 하루마), 多部未華子(타베 미카코) 주연의 드라마 '僕のいた時間(내가 있던 시간)'의 주제곡으로 사용됐어요. 난치병을 앓게 된 주인공이 제한된 환경 속에서도 본인이 할 수 있는 일에 최선을 다하며 남은 인생을 찾아가는 과정을 감동적으로 그려낸 작품이랍니다. 드라마를 이미 감상하신 분들은 이 곡이 계속 머릿속에서 맴돈다고 하니, 곡을 더 깊게 이해하고 싶다면 작품을 함께 보는 것도 좋을 것 같아요.

❀ 季節外れの桜の花に
寄り添うように差し込んだ木漏れ日
時に迷って時に嘆いた
私の傍にはあなたがいたよね

❀ Cause I love you
あなたを守るよ

Still, I turn to you
変わっていないの
聞きたいこと 話したいことがある

たくさんあるんだよ
群青色に染まる冬は
瞬く星が囁いてる
聞こえたから 聞こえていたから
もう迷わないで行けるよ

어휘

<ruby>季節<rt>きせつ</rt></ruby><ruby>外<rt>はず</rt></ruby>れ　계절과 맞지 않음

<ruby>寄<rt>よ</rt></ruby>り<ruby>添<rt>そ</rt></ruby>う　바싹 다가가다, 곁에 붙다

<ruby>木漏<rt>こも</rt></ruby>れ<ruby>日<rt>び</rt></ruby>　숲 속의 나무와 잎 틈새로 비치는 햇빛

<ruby>差<rt>さ</rt></ruby>し<ruby>込<rt>こ</rt></ruby>む　꽂다, 끼워 넣다

<ruby>時<rt>とき</rt></ruby>に　때로는

<ruby>群青色<rt>ぐんじょういろ</rt></ruby>　군청색, 짙은 남색

<ruby>瞬<rt>またた</rt></ruby>く　깜박이다

<ruby>囁<rt>ささや</rt></ruby>く　속삭이다

**가사
해석**

철 지난 벚꽃에
다가가듯 나뭇잎 사이로 들이치는 햇살
때로는 헤매고 때로는 슬퍼했어
내 곁엔 당신이 있었지

Cause I love you
당신을 지킬게
Still, I turn to you
변하지 않았어
듣고 싶은 말 하고 싶은 말이 있어
많이 있어
군청색으로 물드는 겨울은
깜박이는 별이 속삭이고 있어
들렸으니까 들렸었으니까
이젠 망설이지 않고 갈 수 있어

見えないように紛らわしてた

紡ぐ言葉に意味なんてなかった

伸びてゆく影 刻む波音

必死に背を向けた

どこにも行かないで

I'm missing you

触れたくなるの

Always be true

愛しているよ

伝わるように 伝えられるように

ねぇ 想っているから

茜色に揺れる夕日が

心を強くしていたんだ

目を閉じれば春の風が吹く

振り返る帰り道

어휘

<ruby>紛<rt>まぎ</rt></ruby>らわす　얼버무리다, 숨기다

<ruby>伸<rt>の</rt></ruby>びる　늘어나다, 자라다

<ruby>茜色<rt>あかいろ</rt></ruby>　노을빛, 진한 빨간색

<ruby>紡<rt>つむ</rt></ruby>ぐ　(말이나 이야기를) 잇다, 연결하다

<ruby>背<rt>せ</rt></ruby>を<ruby>向<rt>む</rt></ruby>ける　등을 돌리다

<ruby>振<rt>ふ</rt></ruby>り<ruby>返<rt>かえ</rt></ruby>る　돌아보다, 회고하다

가사 해석

보이지 않도록 얼버무리고 있었어
이어 나가는 말에 의미는 없었어
뻗어 가는 그림자 새기는 파도소리
필사적으로 등을 돌렸어
어디에도 가지마

I'm missing you
닿고 싶어져
Always be true
사랑해
전해지도록 전할 수 있도록
있잖아 생각하고 있으니까
노을빛으로 흔들리는 석양이
마음을 강하게 만들고 있었거든
눈을 감으면 봄바람이 불어
되돌아보는 귀갓길

❀
見透かされそうな大きな瞳
照れて顔を掻く仕草
寂しげな微笑み
大きくて優しい手
闇の中の光

❀
永遠がないのなら
私もここにいないでしょう
この気持ちは この想いは
巡り続けるはずだよ

❀
Cause I'm loving you
あなたを守るよ

Always be true
愛しているよ
今あなたに伝わりますように
この胸の中でずっと
鮮やかに彩る景色が見えたの
息吹の香りにあなたを感じて
私は歩いて行くの

어휘

見_み透_すかす 꿰뚫어보다, 간파하다

照_てれる 수줍어하다

仕_し草_{ぐさ} 몸짓, 행위

闇_{やみ} 어둠

鮮_{あざ}やか 선명함, 또렷함

息_い吹_{ぶき} 숨결, 숨

瞳_{ひとみ} 눈동자

搔_かく 긁다

寂_{さみ}しげ 외로운 듯

巡_{めぐ}り続_{つづ}ける 돌고 돌다

彩_{いろど}る 색칠하다, 채색하다

가사 해석

꿰뚫어볼 듯한 큰 눈동자
수줍어하며 얼굴을 긁는 모습
외로워 보이는 미소
크고 다정한 손
어둠 속의 빛

영원이 없는 거라면
나도 여기 없겠지
이 기분은 이 마음은
분명 돌고 돌거야

Cause I'm loving you
당신을 지킬게
Always be true
사랑해
지금 당신에게 전해지길
이 가슴 속에서 계속
선명하게 물드는 경치가 보였어
숨결의 향기에 당신을 느끼며
나는 걸어가

季節外れの桜の花に

철 지난 벚꽃에

外れる는 '(단추가) 떨어지다, (무리나 집단에서) 제외되다, (예측이나 기대에서) 벗어나다' 등 다양한 의미로 쓰이는데, 여기서 季節이 外れる는 '계절이 맞지 않다'는 뜻으로 사용됐어요. 그래서 '내릴 시기가 아닌데 내리는 눈'을 季節外れの雪라고 표현할 수 있답니다. 참고로 旬外れ라는 말도 계절이나 시기가 맞지 않는다는 뜻으로, 비슷하게 쓰여요.

▶ 季節外れの暑さが続いてます。 계절과 어울리지 않는 더위가 지속되고 있어요.

▶ 旬外れの野菜も栄養素は一緒ですか。 제철이 아닌 채소도 영양소는 같아요?

寄り添うように差し込んだ木漏れ日

다가가듯 나뭇잎 사이로 들이치는 햇살

寄り添う는 '바싹 다가가다, 곁에 붙다'와 같은 뜻을 가진 따스한 느낌의 동사예요. 귀찮게 들러 붙는다는 뉘앙스가 아니랍니다. 여기서는 木漏れ日(숲 속의 나무와 잎 틈새로 햇빛이 비치는 광경)를 따뜻하게 묘사하기 위해 선택한 단어인 것 같아요. 또한 差し込む(꽂다)는 나뭇잎 틈새로 빛이 내리 쬐는 모습을 더 생생하게 그리기 위해 넣은 것 같은데, 여러분들은 이 가사에서 묘사하는 광경이 눈앞에 펼쳐지시나요?

▶ 辛い時は誰かに寄り添ってもらいたい。 힘들 때는 누군가가 함께해 줬으면 좋겠다.

▶ 窓から差し込んだ光で目を覚ましました。
창문에서 새어 들어온 빛으로 눈을 떴어요.

瞬く星が囁いてる

깜박이는 별이 속삭이고 있어

瞬またく는 '눈을 깜박이다'라는 뜻도 있지만 '불빛이 깜박거리다' 다시 말해 불빛이 꺼지기 전의 모습을 나타내기도 해요. 여기서처럼 별이 빛날 때도 자주 사용됩니다. 파생된 단어 에는 瞬く間라고 해서 아주 짧은 시간을 뜻하는 '눈 깜짝할 사이'라는 말도 있으니 함께 알 아 두세요.

▶ 今年も瞬く間に過ぎてしまった。 올해도 눈 깜짝할 사이에 지나가버렸다.

必死に背を向けた

필사적으로 등을 돌렸어

向けるは '향하게 하다'라는 뜻이에요. 그래서 背を向ける가 '등을 향하게 하다' 다시 말해 등을 돌리는 상태가 되는 겁니다. 여기서는 받아들이고 싶지 않은 현실로부터 등을 돌린 것 같아요. 向ける는 이밖에도 関心を向ける(관심을 기울이다), 顔向けできない(볼 낮이 없 다) 등 다양하게 쓰인답니다.

▶ 背を向けて寝ないで。 등 돌리고 자지 마.

▶ 親に顔向けできないことはしたくありません。
부모를 볼 낮이 없는 짓은 하고 싶지 않아요.

見透かされそうな大きな瞳
꿰뚫어볼 듯한 큰 눈동자

見透かす는 '꿰뚫어보다, 간파하다'라는 뜻으로, 수동형인 見透かされる는 '(남이 나를) 꿰뚫어보다'라는 뜻으로 해석할 수 있어요. 보통 앞에는 心(마음), 気持ち(기분)와 같은 말이 오는 편입니다.

▶ もしかして僕の下心見透かされてた？ 혹시 내 흑심 간파 당했었어?

照れて顔を掻く仕草
수줍어하며 얼굴을 긁는 모습

照れる는 '수줍어하다'라는 동사지만 부끄러워하는 모양새를 나타낼 때도 쓸 수 있어요. 그때는 '부끄부끄' 정도가 될 것 같네요. 여기서는 부끄러워 얼굴을 긁적긁적하는 모습을 그리고 있는데, 바로 이 몸짓, 이 제스처를 仕草라고 말합니다. 머리를 쓸어 넘긴다든지, 넥타이를 풀어 헤친다든지, 코를 찡긋거린다든지 이러한 모든 행위들이 仕草에 해당하는 것들이에요.

▶ あのそっけいない態度も照れ隠しじゃない？
저 쌀쌀맞은 태도도 멋쩍어서 그런 거 아니야?

▶ 異性のどんな仕草に引かれますか。 이성의 어떤 몸짓에 끌려요?

寂しげな微笑み
외로워 보이는 미소

寂しげ는 寂しい(외롭다, 쓸쓸하다)라는 형용사에 접미사 げ가 붙어서 '~처럼 보이다, 정
말이지 ~인 것 같다'와 같은 의미를 갖습니다. 보통 不満げ(불만스러운 듯), 悲しげ(슬픈
듯), 優しげ(상냥한 듯)처럼 감정이나 감각, 성격 등을 나타내는 단어와 결합돼요. 명사를
수식하는 경우에는 가사에서처럼 な가 붙고 동사를 수식할 때는 に가 붙어서 嬉しげな表
情 (기쁜 듯한 표정), 誇らしげに笑う(자랑스레 웃다)처럼 사용된답니다.

▶ 彼は最近悲しげな顔をしてます。　그는 요새 슬퍼 보이는 얼굴을 하고 있어요.

▶ 社長は娘のことを誇らしげに話してた。　사장님은 딸에 대해 자랑스레 얘기했었다.

巡り続けるはずだよ
분명 돌고 돌거야

~続ける는 '계속 ~하다'라는 뜻으로 자주 쓰이는 복합 동사예요. 食べ続ける(계속 먹다),
勝ち続ける(계속 이기다) 등 어떤 행위가 지속될 때는 보통 이렇게 표현합니다. 巡る는 '순
회하다, 여기저기 돌다'라는 의미를 가지니까 巡り続ける는 돌고 도는 것을 가리키겠죠?
또 뒤에 나오는 はず는 무엇인가를 확신할 때 쓰기 때문에 '분명 ~일거야'와 같은 뜻이 돼
요. 한국어라면 동사 앞에 부사를 쓸 것 같은 상황들인데 続ける와 はず처럼 동사 뒤에 나
와 제 역할을 하니까 조금 낯설게 느껴질 수 있지만 이런 것들이야말로 자연스러운 표현
이랍니다.

▶ 休むことなく走り続けてきました。　쉬지 않고 달려 왔어요.

▶ 持ってきたはずなんだけど。　분명 가지고 왔는데.

STEP 03 눈과 귀로 한자 익히기

다시 Step 01로 가서 노래를 들으며 일본어 가사를 눈으로 읽어 보세요.
이 연습을 반복하면 일본어 한자와 어휘를 쉽게 익힐 수 있습니다.

STEP 04 한자 읽기와 어휘 확인

1. 다음 단어를 읽고 히라가나로 적어 보세요.

① 季節外れ

② 寄り添う

③ 群青色

④ 瞬く

⑤ 茜色

⑥ 瞳

⑦ 掻く

⑧ 闇

⑨ 鮮やか

⑩ 息吹

2. 다음 단어의 뜻을 적어 보세요.

① 季節外れ　　　　_____

② 木漏れ日　　　　_____

③ 瞬く　　　　　　_____

④ 紛らわす　　　　_____

⑤ 背を向ける　　　_____

⑥ 振り返る　　　　_____

⑦ 見透かす　　　　_____

⑧ 照れる　　　　　_____

⑨ 仕草　　　　　　_____

⑩ 彩る　　　　　　_____

1. ① きせつはずれ ② よりそう ③ ぐんじょういろ ④ またたく ⑤ あかねいろ ⑥ ひとみ ⑦ かく ⑧ やみ ⑨ あざやか ⑩ いぶき

2. ① 계절과 맞지 않음 ② 숲 속의 나무와 잎 틈새로 비치는 햇빛 ③ 깜박이다 ④ 얼버무리다, 숨기다 ⑤ 등을 돌리다 ⑥ 돌아보다, 회고하다 ⑦ 꿰뚫어보다, 간파하다 ⑧ 수줍어하다 ⑨ 몸짓, 행위 ⑩ 색칠하다, 채색하다

Unit 08

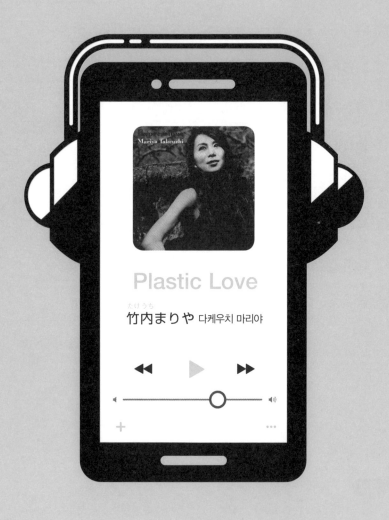

Plastic Love

竹内まりや 다케우치 마리야

竹内まりや(다케우치 마리야)는 1978년에 데뷔한 싱어송라이터이자 뮤지션이고 결혼한 이후에는 미디어 노출이 적어 현재는 '싱어송 전업주부'로 불린다고 해요. 대학생 때 동아리에서 백코러스를 담당하고 1974년 대중가요 콘테스트에 참가하는 등 음악 활동을 계속하던 중 데뷔를 하게 됩니다. 처음에는 당시 시대적 배경과 귀여운 외모가 한몫하여 아이돌 가수의 역할을 맡게 되는데 서서히 본인의 색깔을 찾아 직접 작사, 작곡을 하기 시작해요. 그리고 그때 편곡가로 함께 일하게 된 것이 훗날 부부의 연을 맺게 되는 싱어송라이터의 거장 山下達郎(야마시타 타츠로)입니다. 그런데 이어지는 가혹한 스케줄로 목을 다치기도 하고 본인이 원하던 활동과 거리가 먼 현실에 고민하던 그녀는 1982년 야마시타 타츠로와의 결혼을 계기로 미디어에서 멀어지게 됩니다. Plastic Love는 1984년에 발매된 6번째 앨범 'VARIETY'에 수록된 곡으로, 직접 작사, 작곡을 담당하며 남편과 함께 제작했다고 해요. 도시생활을 하는 젊은 여성의 자유로운 연애를 주제로 다루며 독자적인 센스를 발휘한 인기곡입니다. 그리고 35년 가까운 세월이 지난 2010년대 후반에 이르러 Japanese city pop의 대표곡으로 세계적인 평가를 받게 돼요.

가사 보며 강의 듣기

❀ 突然のキスや熱いまなざしで

恋のプログラムを狂わせないでね

出逢いと別れ上手に打ち込んで

時間がくれば終わる Don't hurry!

①

❀ 愛に傷ついたあの日からずっと

昼と夜が逆の暮らしを続けて

はやりのDiscoで踊り明かすうちに

おぼえた魔術なのよ I'm sorry!

②

❀ 私のことを決して本気で愛さないで

恋なんてただのゲーム 楽しめばそれでいいの

閉ざした心を飾る派手なドレスも靴も

孤独な友達

어휘

突然 ^{とつぜん} 돌연, 갑자기

狂う ^{くる} 미치다, 기계와 같은 물건의 상태가 정상이 아니다

打ち込む ^{う こ} 박아 넣다, 때려 넣다

暮らし ^く 삶, 생활, 살림

魔術 ^{ま じゅつ} 마술

閉ざす ^と 닫다, 폐쇄하다

派手 ^{は て} 화려한 모양

まなざし 눈빛, 눈길, 시선

逆 ^{ぎゃく} 반대, 거꾸로임

踊り明かす ^{おど あ} 밤새 춤추다, 아침까지 춤추다

決して ^{けっ} 결코

飾る ^{かざ} 장식하다, 꾸미다

가사 해석

갑작스런 키스나 뜨거운 눈빛으로
사랑의 프로그램을 망가지게 하지 말아 줘
만남과 이별을 잘 입력하고
시간이 되면 끝나 Don't hurry!

①

사랑에 상처 받은 그날부터 줄곧
밤낮이 뒤바뀐 생활을 계속하며
유행하는 디스코에 맞춰 밤새 춤추는 사이에
몸에 익힌 마술이야 I'm sorry!

②

나를 결코 진심으로 사랑하지 말아 줘
사랑이란 건 그저 게임 즐기면 그걸로 된거야
닫힌 마음을 꾸미는 화려한 옷도 구두도
내 고독한 친구들

가사 보며 강의 듣기

私(わたし)を誘(さそ)う人(ひと)は皮肉(ひにく)なものね いつも
彼(かれ)に似(に)てるわ なぜか思(おも)い出(で)と重(かさ)なり合(あ)う
グラスを落(お)として急(きゅう)に涙(なみだ)ぐんでも
わけは尋(たず)ねないでね

①

②

夜更(よふ)けの高速(こうそく)で眠(ねむ)りにつくころ
ハロゲンライトだけ妖(あや)しく輝(かがや)く
氷(こおり)のように冷(つめ)たい女(おんな)だと
ささやく声(こえ)がしても Don't worry!

③

I'm just playing games

I know that's plastic love

Dance to the plastic beat

Another morning comes

③

③

어휘

誘う(さそ) 권유하다, 유혹하다, 불러내다

重なり合う(かさ)(あ) 서로 겹치다, 포개지다

涙ぐむ(なみだ) 눈물을 머금다, 눈물을 글썽이다

わけ 사정, 이유

尋ねる(たず) 물어보다

夜更け(よ)(ふ) 밤이 깊어짐

妖しい(あや) 요망하다, 요염하다

가사 해석

나를 유혹하는 사람은 짓궂게도 항상
그와 닮았어 어쩐지 추억과 겹쳐져
유리잔을 떨어뜨리고 갑자기 눈물 지어도
이유는 묻지 말아 줘

①

②

깊은 밤 고속도로에서 잠들 무렵
할로겐 라이트만이 요염하게 빛나
얼음처럼 차가운 여자라고
속삭이는 소리가 들려도 Don't worry!

③

I'm just playing games
I know that's plastic love
Dance to the plastic beat
Another morning comes

③

③

恋のプログラムを狂わせないでね
こい　　　　　　　　　　　　くる

사랑의 프로그램을 망가지게 하지 말아 줘

狂う는 '(정신이) 미치다'라는 뜻 외에도 물건이나 기계의 상태가 정상적이지 않다는 뜻이
있어요. 그래서 狂わせる라는 사역형을 쓰면 '제 기능을 못하게 만들다, 망가지게 하다'라
는 의미가 돼요. 앞에 프로그램이라는 말이 나왔으니까 분명 그 프로그램을 망가뜨리지 말
라고 얘기하는 것 같아요.

▶ 添加物は体の調子を狂わせるから摂りすぎない方がいいと思う。
てんかぶつ　からだ　ちょうし　　くる　　　　　　　　　と　　　　　　　　ほう　　　　　おも

첨가물은 컨디션을 망가지게 하니까 과하게 섭취하지 않는 편이 좋을 것 같아.

▶ 普段冷静な父を狂わせた出来事がありました。
ふだんれいせい　ちち　くる　　　できごと

평소에 이성적인 아버지를 미치게 만든 사건이 있었어요.

出逢いと別れ上手に打ち込んで
で　あ　　　　わか　じょうず　　う　　こ

만남과 이별을 잘 입력하고

打ち込む는 '(못 등을) 두드려 박다, (돈을) 처박다, (정신을) 집중하다' 등 무엇인가를 한 곳
에 때려 붓는 느낌을 강하게 갖는 동사예요. 그래서 이 구절을 자칫하면 '만남과 이별에 제
대로 집중한다는 뜻이구나'하고 생각할 수 있지만, 여기서는 앞 소절에 '프로그램'이라는
단어가 있으니 조금 다르게 보는 것이 좋을 것 같습니다. 보통 컴퓨터에 명령 코드를 입력
하는 것, 즉 코딩을 다른 말로 打ち込み作業 라고 해요. 그러니까 만남과 이별이라고 하는
う　こ　さぎょう

프로그램을 (나에게) 잘, 알맞게 입력한다는 것을 가리키는 것 같아요.

▶ 学生時代に打ち込んでたことって何だった？
がくせいじだい　　う　こ　　　　　　　　　　なん

학창시절에 푹 빠져서 열심히 하던 게 뭐였어?

▶ 正しい読み方で打ち込んだら漢字が出ました。
ただ　　よ　かた　う　こ　　　　かんじ　で

올바른 독음을 입력했더니 한자가 나왔어요.

昼と夜が逆の暮らしを続けて
밤낮이 뒤바뀐 생활을 계속하며

'밤낮이 뒤바뀌다'라는 말은 昼と夜が逆転する(낮과 밤이 역전하다)라고 표현할 수 있어요. 여기서 逆는 '반대, 거꾸로'를 의미하는 말로 逆에는 '반대로'라는 뜻도 되지만 '오히려'라는 의미로도 자주 쓰입니다. 일본어는 '살다'가 세 가지 동사로 구분되는데, '생존'을 의미할 때는 生きる, '거주'를 의미할 때는 住む, 그리고 '생활'을 의미할 때는 暮らす를 사용해요. 그래서 暮らし라고 하면 보통 '생활'이나 '삶' 정도의 뜻을 갖죠. 生活(생활)라는 단어보다 더 넓은 의미를 갖는 상위 개념이랍니다.

▶ 素直なところが逆にかっこいい。 솔직한 점이 오히려 멋있다.

▶ お金持ちの暮らしぶりが気になります。 부자의 살림살이가 궁금해요.

はやりのDiscoで踊り明かすうちに
유행하는 디스코에 맞춰 밤새 춤추는 사이에

'유행하다'라는 것은 流行る 또는 流行する라고 말해요. 그러니 はやり는 '유행'이라는 명사가 되겠죠? '유행하는 ○○'라고 말할 때 가사에서처럼 流行りの○○ 처럼 표현할 수도 있고 流行っている○○ 라고 표현해도 괜찮아요. 이어서 나오는 踊り明かす(밤새 춤을 추다)는 踊る(춤추다)와 明かす(자지 않고 밤을 지새며 아침을 맞이하다)가 합쳐진 형태입니다. 물론 明かす는 '밝히다, 증명하다'라는 뜻도 있기 때문에 解き明かす라고 하면 '문제를 해결하여 그 의미를 밝히다'와 같은 의미를 가진답니다.

▶ 最近女子高生の間で流行ってるものは何ですか。
요즘 여고생들 사이에서 유행하고 있는 것은 뭐예요?

▶ 昔はよく朝が来るまで語り明かしていた。
옛날에는 자주 아침이 올 때까지 밤새 얘기했었다.

私のことを決して本気で愛さないで

나를 결코 진심으로 사랑하지 말아 줘

決して〜ない는 '결코 ~하지 않다'라는 뜻을 가져요. 비슷한 말에는 絶対〜ない(절대~하지 않다)가 있습니다. 決して終わらない(결코 끝나지 않는다), 決して許されない(결코 용서 받을 수 없다)와 같이 쓰여요. 本気는 '진심, 진지한 마음' 또는 그러한 모양새를 의미합니다. 흔히 쓰이는 말에는 本気を出す(진심을 다하다, 장난하지 않고 진지하게 임하다)라든지 本気にする(진짜라고 받아들이다)와 같은 것들이 있어요.

▶ セクハラは決して許されないことだと思います。
　성희롱은 결코 용서 받을 수 없는 일이라고 생각해요.

▶ 私が本気出したらすごいことになるよ。 내가 진지하게 임하면 굉장해져.

閉ざした心を飾る派手なドレスも靴も

닫힌 마음을 꾸미는 화려한 옷도 구두도

閉める, 閉じる, 閉ざす 모두 '닫다'라는 뜻을 갖지만 물리적인 의미를 갖는 閉める, 閉じる와 다르게 閉ざす는 심리적이고 추상적인 개념에서 자주 쓰입니다. 간단하게 예를 들면 ドアを閉める(문을 닫다), 目を閉じる(눈을 감다), 心を閉ざす(마음을 닫다)처럼 말이죠. 많은 예문을 통해 습득하는 것이 중요하니까 당장 무리하게 구분하지 않아도 괜찮아요. 派手는 가사에서처럼 모습이나 형태, 색상의 화려함을 나타낼 때도 사용할 수 있지만 과장된 태도나 규모가 큰 행동을 묘사할 때도 쓰입니다. 만약 派手に転ぶ라고 표현한다면 우당탕 넘어지는 모습을 상상할 수 있답니다.

▶ 心の扉を閉ざしてしまいました。 마음의 문을 닫아 버렸습니다.

▶ もっと派手にやってほしい。 더 과감하게 해 줬으면 좋겠다.

私を誘う人は皮肉なものね いつも
나를 유혹하는 사람은 짓궂게도 항상

誘う를 '권유하다, 유혹하다'라는 뜻으로만 알고 있으면 일상회화에서 자주 쓰이는 표현으로 활용시키기 쉽지 않아요. 대신 '어떤 행동을 함께 하자고 불러내다'라는 의미로 사용된다는 사실을 아신다면 보다 더 일본인에 가까운 표현을 구사할 수 있습니다. 이 가사에서는 밤새 춤을 추는 장소가 배경이 되니까 '유혹하다'라고 생각해도 괜찮지만 '술을 함께 마시자고 하다, 나가서 거리를 거닐자고 하다' 등이 모두 誘う라는 말로 대신할 수 있는 행동들이랍니다.

▶ 昨日は先輩に誘われて久しぶりに映画を見て来た。
어제는 선배가 불러서 오랜만에 영화를 보고 왔다.

▶ また誘ってください！   또 불러 주세요!

グラスを落として急に涙ぐんでも
유리잔을 떨어뜨리고 갑자기 눈물 지어도

涙ぐむ는 '눈물을 머금다, 눈물을 글썽이다'라는 뜻을 갖는 단어로, 涙(눈물)라는 명사 뒤에 ぐむ(~을 포함하다, ~할 것 같은 징조를 보이다)라는 형태가 붙은 것을 알 수 있습니다. 자주 쓰이는 접미어는 아니지만 함께 알아 두면 좋은 단어에는 芽ぐむ(싹트다, 움트다) 그리고 角ぐむ(초목의 싹이 뿔이 나듯이 돋아 나다)라는 것이 있답니다.

▶ 涙ぐみながら手紙を読みあげた。 눈물을 글썽이며 편지를 읽어 나갔다.

わけは尋^{たず}ねないでね

이유는 묻지 말아 줘

訳^{わけ}는 '이유, 사정' 외에도 여러 가지로 쓰이는 말이에요. 訳あり라고 하면 글자 그대로 '사정이 있음'이라는 의미로, 訳あり商品^{しょうひん}(정상 제품이라고 분류하기 어려운 상품, 하자 상품)과 같이 사용하거나 訳^{わけ}あり女^{おんな}(사연이 있는 여자)와 같이 사용해요. 곡의 주제를 감안했을 때도 유리잔을 떨어뜨리고 눈물 지은 이유에는 숨겨진 사연이 있을 것 같은 뉘앙스를 풍겨요. 尋^{たず}ねる(묻다)는 聞^きく(묻다)와 큰 차이 없이 쓰이지만 한 마디로 답변할 수 있는 질문보다는 다소 설명이 가미될 만한 질문에 어울리는 동사랍니다.

▶ どういうわけか直帰^{ちょっき}せず寄^より道^{みち}をしたくなった。

어떤 이유에서인지 바로 집에 가지 않고 다른 곳에 들르고 싶어졌다.

▶ 思^{おも}い切^きって尋^{たず}ねてみたら、わりとすんなり答^{こた}えてくれました。

마음 먹고 물어봤더니 의외로 순순히 답변해 주었습니다.

夜更^{よ ふ}けの高速^{こうそく}で眠^{ねむ}りにつくころ

깊은 밤 고속도로에서 잠들 무렵

夜更^{よ ふ}け는 밤이 깊어진 것을 나타내는 말로, 본래 更^ふける는 '시간이 경과하여 한밤중에 가까워지다'라는 뜻의 동사입니다. 深夜^{しんや}(심야)와 같은 말처럼 특정 시간대를 가리키는 용어에 사용되지는 않아요[예: 深夜料金^{しんや りょうきん}(심야요금)]. 참고로 밤새 자지 않고 깨어있는 것을 夜更^{よ ふ}かし라고 합니다. 眠^{ねむ}りにつく는 '잠이 들다'라고 해서 잠에 들기 시작하는 단계를 뜻하는 표현이에요. 眠^{ねむ}る(잠자다)는 寝^ねる(자다)와는 다르게 眠^{ねむ}りが浅^{あさ}い(수면이 얕다)라든지 居眠^{いねむ}り運転^{うんてん}(졸음 운전)처럼 실제로 잠을 자는 행위와 결부되어 쓰인답니다.

▶ 夜更^{よ ふ}かしを止^やめて、規則正^{き そくただ}しい生活^{せいかつ}を取^とり戻^{もど}した。

밤새 일어나 있는 것을 그만두고 규칙적인 생활을 되찾았다.

▶ ぐっすり眠^{ねむ}れるようになりました。 푹 잠들 수 있게 됐어요.

ハロゲンライトだけ妖しく輝く

할로겐 라이트만이 요염하게 빛나

あやしい는 어떤 한자로 표기 하느냐에 따라 다른 뜻으로 쓰일 수 있는 말이에요. 怪しい 라고 쓰면 평범하지 않고 정체나 진상을 확실히 알 수 없어 '수상하다, 기이하다'와 같은 의미를 나타내는 반면, 가사처럼 妖しい라고 쓰면 독특한 분위기가 있고 신비로워 '요망 하다, 요염하다'와 같은 의미를 나타낸다고 생각하시면 됩니다. 시대적인 배경을 연상하 게 만드는 '할로겐 라이트'만이 요염하게 빛난다니, 쓸쓸하면서도 야릇한 분위기를 상상 하게 만드는 것 같아요.

▶ 怪しくない副業を探してます。 수상하지 않은 부업을 찾고 있습니다.

▶ 少し妖しい雰囲気が漂うお店が好き。 조금 요염한 분위기가 감도는 가게가 좋아.

STEP 03 눈과 귀로 한자 익히기

다시 Step 01로 가서 노래를 들으며 일본어 가사를 눈으로 읽어 보세요.
이 연습을 반복하면 일본어 한자와 어휘를 쉽게 익힐 수 있습니다.

STEP 04 한자 읽기와 어휘 확인

1. 다음 단어를 읽고 히라가나로 적어 보세요.

① 狂わせない

_____

② 打ち込んで

_____

③ 踊り明かす

_____

④ 閉ざした

_____

⑤ 孤独

_____

⑥ 重なり合う

_____

⑦ 尋ねない

_____

⑧ 夜更け

_____

⑨ 妖しく

_____

⑩ 氷

_____

2. 다음 단어의 뜻을 적어 보세요.

① まなざし

_____

② 狂う

_____

③ 打ち込む

_____

④ 踊り明かす

_____

⑤ 閉ざす

_____

⑥ 派手

_____

⑦ 重なり合う

_____

⑧ 涙ぐむ

_____

⑨ 夜更け

_____

⑩ 妖しい

_____

Unit 09

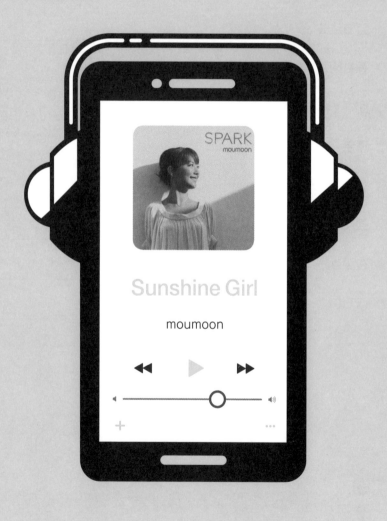

moumoon은 2005년에 결성된 2인조 유닛으로 기타, 피아노 등 작곡과 편곡을 담당하는 KOUSUKE MASAKI와 보컬과 작사를 담당하는 YUKA로 구성되어 있어요. 유닛명은 불어로 '부드럽다'를 의미하는 mou와 영어로 '달'을 의미하는 moon을 합친 신조어예요. 두 멤버는 2004년 무렵 여름의 록 페스티벌에서 처음 만났다고 해요. 그 몇 주 뒤 MASAKI가 만든 데모곡을 YUKA가 듣고 그의 세계관에 빠져들었고, MASAKI 또한 YUKA의 음색에 매력을 느껴 함께 음악 작업을 시작하게 되었답니다. 2007년에 미니앨범 'love me?'로 메이저 데뷔를 한 이후 각종 광고와 드라마에 그들의 음악이 쓰이며 지명도가 높아졌어요. Sunshine Girl은 2010년에 발매한 7번째 싱글로, 蒼井優(아오이 유우)가 출연한 資生堂(시세도)의 CM송으로 많은 사람들에게 알려진 곡입니다. 우울한 기분을 날려버릴 것 같은 경쾌하고 기분 좋은 여름날과 같은 선율을 느낄 수 있고 여러 방송 매체에서 100만 다운로드를 넘으며 큰 히트를 기록하는 등 럭키송으로도 유명하답니다.

가사 보며 강의 듣기

①

キラキラ陽差しを浴びて

Make up, and dressed Are you ready to go?

Weather is great, it's your holiday

We gotta party all day long

②

Happy day Summer day

Sunshine Girl

I like it, Happy day Summer day

Sunshines for you

②

曲がり角を照らすビビットなSky

いつもと違うにおいの風吹き抜けて

背筋しゃんと伸ばしたその分だけ

なんだかいいことがありそうだよね Sunshine Girl

어휘

陽差し(ひざし) 햇살

照らす(てらす) 빛을 비추다, 비추어 밝히다

吹き抜ける(ふきぬける) 바람이 지나가다

曲がり角(まがりかど) 길모퉁이

におい 냄새

背筋(せすじ) 등줄기, 등골

가사 해석

①

반짝반짝 햇살을 받으며

Make up, and dressed Are you ready to go?

Weather is great, it's your holiday

We gotta party all day long

②

Happy day Summer day

Sunshine Girl

I like it, Happy day Summer day

Sunshines for you

②

길모퉁이를 비치는 비비드한 스카이

평소와는 다른 냄새의 바람을 가르며

등을 쫙 편 그만큼

왠지 좋은 일이 있을 것 같아 Sunshine Girl

③

キラキラ輝いている

胸に秘めたるその太陽

はしゃいだ者勝ちのHoliday

踊ってもっと解き放って

②

②

振り返れば流れ行く景色

私も毎日前にちゃんと進んでいるから

口角きゅっと上げてその分だけ

ハッピーとラッキーに近づいてる

キラキラ笑顔でHello

おもちゃ箱があふれる

ポジティブになれるリズム

歌ってもっと解き放って

②

②

しゃんと 단정하게, 반듯하게   伸ばす 늘리다, 뻗다
ひ
秘める 숨기다, 간직하다

はしゃぐ 까불며 장난치거나 떠들다, 방방 뛰다
と　はな
解き放つ 구속하던 것을 풀고 자유롭게 하다, 해방시키다
こうかく
口角 입꼬리   きゅっと 강하게 조이는 모양, 꽉
ちか
近づく 가까이 가다, 다가오다   おもちゃ 장난감

③

반짝반짝 빛나고 있어
가슴에 깃들어 있는 그 태양
뛰노는 자가 위너인 Holiday
춤춰 좀 더 자유롭게

②
②

뒤돌아보면 지나가는 풍경
나도 매일 분명히 앞으로 나아가고 있으니까
입꼬리를 힘껏 올려 그만큼
해피와 럭키에 가까워져

반짝반짝 웃는 얼굴로 Hello
장난감통이 넘쳐 흘러
포지티브해지는 리듬
노래해 좀 더 자유롭게

②
②

❀ この瞬間しか出来ない

感じられないものがあるし

今、会いたいあなたにメルシー

Woo-yeah

❀ いつまでもこのままがいいな

ずっとドキドキしてたいな

そしてまっすぐに前を見て

Woo-yeah

③

①

②

②

❀ ララ、ララ

ドキドキする　두근두근하다

지금 이 순간이 아니면 할 수 없는
느낄 수 없는 것이 있기도 하고
지금 만나고 싶은 당신에게 메르시
Woo-yeah

언제까지고 지금 이대로가 좋아
쭉 두근거리고 싶어
그리고 곧게 앞을 바라봐
Woo-yeah

③
①
②
②

라라, 라라

曲がり角を照らすビビットなSky

길모퉁이를 비치는 비비드한 스카이

曲がる(방향을 바꾸어 돌다)와 角(모서리)가 합쳐진 曲がり角는 '길모퉁이'라는 뜻이에요.
주로 길을 찾거나 설명할 때 나올 수 있는 말로, 角を曲がる(모퉁이를 돌다)처럼 쓰이기도
하죠. 그런데 이것이 전혀 엉뚱한 상황에서 쓰였다면 그땐 '전환점'을 나타내는 것이라고
이해해 주세요. 照らす는 빛을 비추거나 비춰서 밝게 하는 것을 의미하는 동사입니다. 여
기서는 하늘을 비췄다고 나오지만 전등이나 램프와 같은 빛에도 사용할 수 있어요. ライト
で照らす(조명으로 비추다)처럼 말이죠.

▶ 曲がり角に車を止めてもいいですか。 길모퉁이에 차를 세워도 되나요?

▶ 月の光に照らされていつもよりきれいに見えた。
달빛에 비춰져 평소보다 예뻐 보였다.

いつもと違うにおいの風吹き抜けて

평소와는 다른 냄새의 바람을 가르며

におい(냄새)는 匂い로 표기하느냐, 臭い로 표기하느냐에 따라 조금 다른 느낌을 줄 수 있
는 단어예요. 匂い라고 하면 보통 긍정적인 이미지를 갖기 때문에 香り(향기)라고 부를 수
있는 것들, 예를 들어 花の匂い(꽃 냄새), 香水の匂い(향수 냄새)와 같은 것을 묘사할 때 쓰
입니다. 반면 臭い는 부정적인 이미지를 갖다 보니 ゴミの臭い(쓰레기 냄새), 足の臭い(발
냄새) 등을 나타낼 때 자주 등장해요. 가사에서 히라가나로 표기한 것을 보면 '평소와 다른
바람 냄새'를 자유롭게 상상하게 만들기 위한 작사가의 의도가 아니었나 싶어요.

▶ チョコレートの匂いがするキャンドルを探してます。
초콜릿 냄새가 나는 초를 찾고 있어요.

▶ 私臭ってる？ 나 냄새 나?

背筋_{せ すじ}しゃんと伸_のばしたその分_{ぶん}だけ

등을 쫙 편 그만큼

背筋_{せすじ}는 등의 중심선이 되는 '등줄기'를 가리킵니다. 그래서 '등'을 나타내는 背中_{せなか}보다 조금 더 좁은 부위를 의미한다고 생각하시면 될 것 같아요. 그래서 가사에 나오는 背筋_{せすじ}を伸ばす는 허리를 곧게 세운다는 의미에서의 '등을 펴다'가 돼요. 또 '등 근육을 키우다'라고 말할 때는 背筋_{せすじ}を鍛_{きた}える라고 한답니다. 뒤에 이어지는 その分_{ぶん}だけ의 その分_{ぶん}은 '그 정도, 그만큼의 일'을 나타내고 있는데 본래 分_{ぶん}은 시간의 단위인 '분'뿐만 아니라 '할당된 몫, 어떤 범위의 분량'을 나타내는 뜻으로도 자주 쓰는 말이에요. 예를 들어 私の分_{わたし ぶん}(내 몫), 残_{のこ}った分_{ぶん}(남은 양)과 같이 말이죠.

▶ 背筋_{せすじ}が伸_のびていると好印象_{こういんしょう}を与_{あた}える。 허리가 곧게 서 있으면 좋은 인상을 준다.

▶ 私_{わたし}の分_{ぶん}まで楽_{たの}しんで来_きてね。 내 몫까지 즐기다 와.

胸_{むね}に秘_ひめたるその太陽_{たいよう}

가슴에 깃들어 있는 그 태양

秘_ひめる는 '숨기다, (속에) 간직하다'라는 뜻을 갖는 동사이고 秘_ひめたる는 秘_ひめている의 고어로, 겉으로는 드러나지 않고 숨겨진 안쪽에 가지고 있는 모양을 나타내는 말이에요. 이런 단어는 의미에 대한 설명을 들어도 와닿지 않을 수도 있으니 예문을 통해 습득하시는 게 좋을 것 같아요. 可能性_{かのうせい}を秘_ひめている(가능성을 가지고 있다), 内_{うち}に秘_ひめている(속에 깃들어 있다)와 같은 표현에서 볼 수 있답니다.

▶ 自分_{じぶん}に秘_ひめられた可能性_{かのうせい}を見_みつけ出_だせ。 본인에게 숨겨진 가능성을 찾아내라.

▶ いくつかの願望_{がんぼう}を秘_ひめてます。 몇 가지 소망을 간직하고 있어요.

はしゃいだ者勝ちのHoliday
뛰노는 자가 위너인 홀리데이

はしゃぐ는 아이들의 모습을 묘사할 때 자주 나오는 말로, 신나서 방방 뛰거나 장난치며 뛰어 노는 것을 상상하게 만들어 주는 생동감 있는 동사예요. 그리고 그 뒤에 바로 붙어 나오는 ~者勝ち는 '~한 사람이 유리하거나 득을 본다'는 뜻으로 쓰이는 표현입니다. ~者勝ち가 나오는 대표적인 단어에는 早い者勝ち(남보다 빨리 한 사람이 승자), 言った者勝ち(발언한 사람이 승자)와 같은 것이 있겠네요. 보통 회화에서는 者勝ち를 もんがち라고 발음한답니다. 이 소절처럼 휴일에 뛰노는 자가 위너라는 표현은 활기가 느껴져서 참 좋네요.

▶ 孫娘はぬいぐるみを買ってもらって一日中はしゃいでた。
손녀딸은 곰 인형을 선물 받고 하루 종일 신나했다.

▶ 限定品はやっぱり早い者勝ち！ 한정품은 역시 빨리 사는 사람이 이겨!

踊ってもっと解き放って
춤춰 좀 더 자유롭게

解き放つ는 구속하던 것을 자유롭게 해방시킨다는 의미에서의 '풀어 주다'라는 뜻을 가져요. 解き放す와 큰 차이 없이 쓰이기 때문에 '마음을 자유롭게 하다'라는 것은 心を解き放つ와 心を解き放す 두 가지 표현이 가능하답니다. 다만, 放つ와 放す가 단독으로 오는 경우엔 서로가 언제나 대체될 수 있는 것은 아니에요. '내 손 놓아!'라고 할 때 私の手放して！라고는 해도 私の手放って！라고 하지는 않거든요.

▶ 鳥かごの鳥を空に解き放してあげた。 새장의 새를 하늘로 풀어 줬다.

▶ やっと重荷から解き放たれました。 드디어 부담감으로부터 해방되었어요.

振り返れば流れ行く景色
뒤돌아보면 지나가는 풍경

振り返る는 '(고개를 돌려) 뒤돌아보다, 회고하다'라는 뜻을 갖는 동사로, 여기서는 과거를 회상한다는 의미로 쓰였겠죠? 비슷한 말에는 振り向く가 있는데 이것 역시 '뒤돌아보다'라는 뜻을 갖지만 (몸을 돌려) 뒤쪽을 쳐다본다는 의미가 강하고 주의를 기울일 때도 사용합니다. 짝사랑을 하는 사람이 나에게 관심을 줬으면 좋겠다고 할 때도 振り向いてほしい라고 해서 이 표현을 쓰고는 해요. 꽤 확실하게 쓰임이 나눠지는 편이니까 헷갈리지 않도록 함께 알아 두세요.

▶ たまには人生振り返ってみてもいいんじゃない？
　 가끔은 인생 되돌아봐도 괜찮지 않아?

▶ 好きな人が振り向いてくれないです。
　 좋아하는 사람이 (저에게) 관심을 가져 주지 않아요.

口角きゅっと上げて その分だけ
입꼬리를 힘껏 올려 그만큼

口角는 '입꼬리'를 가리켜요. 그래서 口角が上がる는 '입꼬리가 올라가다' 다시 말해 기쁘거나 밝은 표정을 묘사할 때 사용할 수 있어요. 가사에서는 口角を上げる이니까 '입꼬리를 올리다'가 되겠죠? 의식을 가지고 웃는 얼굴을 만들자는 취지인데, 무언가를 강하게 조이는 모양새를 나타내는 부사 きゅっと(꽉)가 함께 쓰인 것을 보면 미소를 띄는 정도가 아니라 확실한 스마일을 묘사하고 있다는 사실을 알 수 있어요.

▶ 口角を上げるために毎日トレーニングしてます。
　 입꼬리를 올리기 위해 매일 트레이닝하고 있어요.

▶ きゅっと結んだポニーテールがかわいい。 꽉 묶은 포니테일이 귀엽다.

다시 Step 01로 가서 노래를 들으며 일본어 가사를 눈으로 읽어 보세요.
이 연습을 반복하면 일본어 한자와 어휘를 쉽게 익힐 수 있습니다.

STEP 04 한자 읽기와 어휘 확인

1. 다음 단어를 읽고 히라가나로 적어 보세요.

① 陽差し

_____

② 曲がり角

_____

③ 背筋

_____

④ 秘めたる

_____

⑤ 者勝ち

_____

⑥ 解き放って

_____

⑦ 振り返れば

_____

⑧ 口角

_____

⑨ おもちゃ箱

_____

⑩ 瞬間

_____

2. 다음 단어의 뜻을 적어 보세요.

1. 日差し

2. 吹き抜ける

3. 背筋

4. しゃんと

5. 秘めたる

6. はしゃぐ

7. 解き放つ

8. 口角

9. 近づく

10. おもちゃ

Unit 10

キセキ 기적

GReeeeN

GReeeeN은 후쿠시마 현에서 결성되어 2002년에 데뷔한 4인조 그룹 가수예요. 그룹 이름은 '신인 미숙자' 즉 풋내기라는 의미로 쓰이는 'Green Boy'의 신조어에서 유래되었다고 해요. 로고 마크의 알파벳 e는 멤버 4명을 가리키고 멤버들이 모두 치의학을 전공했다는 것과 연관지어 웃는 얼굴이 될 때 보이는 치열을 연상하며 '미소를 전달할 수 있는 존재로 있고 싶다'는 마음을 담아 만들어졌답니다. 멤버 모두가 보컬을 담당하고 있기 때문에 밴드 사운드는 컴퓨터로 작업을 하며 작사, 작곡도 본인들이 직접 한다고 해요. 그들의 곡은 전반적으로 밝고 부드러우며 '듣는 사람의 마음에 꽂히는 메시지'가 특징이에요. 2007년에 발매한 첫 러브송인 '愛唄(사랑의 노래)'로 스타 반열에 오르게 됩니다. 'キセキ'는 2008년에 발매한 7번째 싱글로, 고교 야구를 소재로 다룬 드라마 'ROOKIES'의 주제가예요. 이 곡은 당시 드라마 방영과 동시에 배포된 지 한 달 만에 벨소리 다운로드 100만을 돌파하며 2009년에는 '일본에서 가장 많이 팔린 다운로드 싱글'로 기네스북에 오르게 되었답니다. 드라마의 내용과도 잘 맞아 산뜻한 감동과 희망이 느껴지는 기분 좋은 노래인 것 같아요.

❁ 明日、今日よりも好きになれる
溢れる想いが止まらない
今もこんなに好きでいるのに言葉に出来ない

❁ 君のくれた日々が積み重なり過ぎ去った日々
二人歩いた『軌跡』
僕らの出逢いがもし偶然ならば？ 運命ならば？
君に巡り会えたそれって『奇跡』

①

❁ 二人寄り添って歩いて永久の愛を形にして
いつまでも君の横で笑っていたくて
ありがとうや Ah 愛してるじゃまだ
足りないけどせめて言わせて「幸せです」と

❁ いつも君の右の手の平をただ僕の左の手の平が
そっと包んでくそれだけで ただ愛を感じていた

<table>
<tr><td>

つ　かさ
積み重なる　겹쳐 쌓이다, 겹쳐지다

き せき
軌跡　궤적, 자취

めぐ　あ
巡り会う　돌고 돌아 만나다, 오랫동안 헤어져 있다가 다시 만나다

き せき
奇跡　기적

せめて　적어도

て　　ひら
手の平　손바닥

</td><td>

す　さ
過ぎ去る　(시간이) 지나가다

ぐうぜん
偶然　우연, 우연히

と わ
永久　영원, 영구

つつ
包む　포장하다, 감싸다

</td></tr>
</table>

내일, 오늘보다도 좋아하게 될 수 있어
넘쳐 흐르는 마음이 멈추지 않아
지금도 이렇게나 좋아하고 있는데 말로 표현할 수 없어

네가 준 나날이 겹겹이 쌓여 지나가 버린 나날
둘이서 걸어온 "궤적"
우리들의 만남이 만약 우연이라면? 운명이라면?
너를 만날 수 있었던 그건 바로 "기적"

①

둘이 바싹 붙어 걸으면서 영원한 사랑을 표현하면서
언제까지나 네 옆에서 웃고 있고 싶어서
고마워나 Ah 사랑해로는 아직
부족하지만 적어도 말하게 해 줘 '행복합니다'라고

늘 네 오른쪽 손바닥을 그저 내 왼쪽 손바닥이
살며시 감싸는 그것만으로 그저 사랑을 느끼고 있었어

❀ 日々の中で小さな幸せ

見つけ重ねゆっくり歩いた『軌跡』

僕らの出逢いは大きな世界で小さな出来事

巡り会えたそれって『奇跡』

❀ うまく行かない日だって二人でいれば晴れだって!

強がりや寂しさも忘れられるから

僕は君でなら僕でいれるから!

だからいつもそばにいてよ『愛しい君へ』

❀ 二人フザけあった帰り道 それも大切な僕らの日々

「想いよ届け!!!」と伝えた時に初めて見せた表情の君

少し間が空いて君がうなずいて

僕らの心満たされてく愛で

僕らまだ旅の途中でまたこれから先も

何十年続いていけるような未来へ

強^{つよ}がる 강한 척을 하다   愛^{いと}しい 사랑스럽다

満^みたす 채우다, 만족시키다   ふざける 장난 치다, 실없이 굴다

하루하루 속에서 작은 행복
거듭 발견하며 천천히 걸어 온 "궤적"
우리들의 만남은 커다란 세계에서 자그마한 일
만날 수 있었던 그건 바로 "기적"

일이 잘 안 풀리는 날이라도 둘이서 함께라면 맑을 거라고!
강한 척이나 외로움도 잊을 수 있으니까
난 너와 함께라면 나로 있을 수 있으니까!
그러니까 언제나 곁에 있어 줘 "사랑스러운 너에게"

둘이 서로 장난 치던 귀갓길 그것도 소중한 우리들의 나날
'마음이여 닿아라!!!'라고 전했던 그때에 처음 보여준 표정의 너
조금 뜸을 들이고 네가 끄덕이고
우리들의 마음은 채워져 가 사랑으로
우리는 아직 여행 도중이라 또 앞으로
몇 십 년 더 지속될 수 있을 듯한 미래로

❀ 例えばほら明日を見失いそうに
僕らなったとしても…

①

❀ うまく行かない日だって二人でいれば晴れだって！
喜びや悲しみも全て分け合える
君がいるから 生きていけるから！

だからいつもそばにいてよ
『愛しい君へ』最後の一秒まで

❀ 明日、今日より笑顔になれる
君がいるだけでそう思えるから
何十年 何百年 何千年 時を超えよう
君を愛してる

み うしな
見失う (보던 것을) 놓치다, (원래 모습을) 잃다

よろこ
喜び 기쁨

こ
超える 초월하다, 뛰어넘다

예를 들면 말이야 내일을 잃어버릴 듯
우리들 된다 해도…

①

일이 잘 안 풀리는 날이라도 둘이서 함께라면 맑을 거라고!
기쁨이나 슬픔도 모두 나눌 수 있어
네가 있으니까 살아 갈 수 있으니까!
그러니까 언제나 곁에 있어 줘
"사랑스러운 너에게" 마지막 1초까지

내일, 오늘 보다 웃을 수 있어
네가 있는 것만으로도 그렇게 느껴지니까
몇 십 년 몇 백 년 몇 천 년의 세월을 뛰어넘자
너를 사랑해

明日、今日よりも好きになれる
あした　きょう　　　　す

내일, 오늘보다도 좋아하게 될 수 있어

好きになる는 な형용사 好き(좋아함)와 변화를 나타내는 동사 なる(되다)가 합쳐져 '좋아
す
하게 되다'라는 뜻을 가져요. 이때 な형용사는 어간에 に를 붙이고 い형용사는 어간에 く
를 붙여 활용시켜야 합니다. きれいになる(깨끗해지다), 暑くなる(더워지다)처럼 말이죠.
가사에 나오는 好きになれる는 가능형으로, '좋아하게 될 수 있다'라는 의미가 되니까 오
す
늘보다 내일 마음이 더 커져 간다는 사실을 고백하는 대목인 것 같네요.

▶ 大きくなったら何になりたい？　크면 뭐가 되고 싶어?
おお　　　　　　　　なに

▶ 練習したら誰でも上手になれます。 연습하면 누구나 잘하게 될 수 있어요.
れんしゅう　　　だれ　　じょうず

君のくれた日々が積み重なり
きみ　　　　　　ひ び　つ かさ

네가 준 나날이 겹겹이 쌓여

積む는 '쌓다, 싣다'라는 뜻을 갖는 동사로, 위로 올라간다는 의미에서의 '쌓이다'는 積も
つ　　　　　　　　　　　　　　　　　　　　　　　　　　　　　　　　　　　つ
る라고 해요. 그래서 お金がたまる(돈이 쌓이다)와 같은 경우가 아니라 雪が積もる(눈이
かね　　　　　　　　　　　　　　　　　　　　　　　　　　　ゆき つ
쌓이다)와 같은 경우에 쓴다는 겁니다. 의미가 이해되셨다면 꼼꼼하게 공부하시는 분들을
위해 살짝 어려운 이야기를 해 볼게요. 積み重なる는 積む(쌓다)와 重なる(겹쳐지다)가 합
つ かさ　　　　　つ　　　　　かさ
쳐진 형태인데 '쌓아 겹쳐지다'라고 하지 않고 '겹겹이 쌓이다'라는 뜻이 돼요. '겹겹이 쌓
다'라는 말이 되려면 積む(쌓다)와 重ねる(겹치다)를 합쳐 積み重ねる라는 타동사를 만들
つ　　　　　　かさ　　　　　　　　つ かさ
어야 한답니다.

▶ 小さな努力が積み重なって勝利につながる。
ちい　　　どりょく　つ かさ　　　　しょうり
작은 노력이 겹겹이 쌓여 승리로 이어진다.

▶ 不規則な生活習慣の積み重ねによって免疫力が落ちてしまいました。
ふ きそく　せいかつしゅうかん　つ かさ　　　　　　　めんえきりょく　お
불규칙한 생활 습관이 축적됨에 따라 면역력이 떨어져 버렸어요.

過ぎ去った日々

지나가 버린 나날

過ぎ去る는 '시간이 경과하여 과거의 일이 되다'라는 뜻을 갖습니다. 그래서 보통 지나가 버려서 사라졌다거나, 더 이상 돌아오지 않을 어떤 시절을 의미하고 싶을 때 나오는 표현 이에요. 단순히 시간이 경과한 것을 나타내는 過ぎる(지나다)보다 더 애틋하거나 허무한 뉘앙스를 느낄 수 있겠죠?

▶ 彼女のおかげで過ぎ去った青春時代を思い出した。

그녀 덕분에 지나가버린 청춘 시절이 생각났다.

▶ 過ぎ去ったことはもう忘れよう。 지나가 버린 일은 이제 잊자.

二人歩いた『軌跡』

둘이서 걸어온 "궤적"

軌跡란 '궤적'이라는 말로, 자동차 등으로 생긴 바퀴 자국을 뜻하거나 사람 또는 조직 등이 지나온 자취를 나타내요. 여기서는 두 사람이 걸어온 발자취를 가리키는 것 같네요. 이 곡 의 제목이자 뒤에 이어 나오는 가사에 '기적'을 뜻하는 奇跡를 배치한 것을 보면, 발음이 같다는 점을 이용해 의도해서 맞춘 것을 알 수 있겠죠?

▶ これが父が辿ってきた軌跡だなんて。 이게 아버지가 걸어온 발자취라니.

君に巡り会えたそれって『奇跡』
너를 만날 수 있었던 그건 바로 "기적"

巡り会う는 인연이 될 사람을 만났을 때 자주 쓰는 말로, '돌고 돌아 만나다'라는 뜻을 가져요. 巡る가 '순회하다, 돌아 다니다'라는 의미를 갖기 때문이죠. 그래서 약속해서 만난다거나, 어쩌다 만난다는 일상적이고 물리적인 의미에서의 만남을 표현할 때는 쓰지 않는다는 것을 알아 두세요. 만약 인연이 될 물건과 만난 경우라면, 巡り合う라고 표기하는 경우도 있답니다.

▶ 今年は幸運に巡り合える気がする。 올해는 행운을 만날 것 같다.

▶ いい人と巡り会いたいです。 좋은 사람과 만나고 싶어요.

永久の愛を形にして
영원한 사랑을 표현하면서

永久(えいきゅう, とわ)는 영구적인 것을 가리키며 보통 물질적이고 형태로 나타낼 수 있는 무한한 대상에 쓰이는 반면, 永遠(えいえん, とわ)은 시간을 초월한 영원한 것을 가리키며 형태로 표현할 수 없는 관념적인 것에 쓰이는 단어예요. 그런데 화자가 '사랑'과 같은 관념적인 것에 永久라는 한자를 사용한 것을 보면 오래도록 변하지 않은 '무한한 사랑'을 의도적으로 표현하기 위한 것이 아니었을까 싶네요.

▶ うちの子、永久歯がなかなか生えてこないんですけど。
우리 아이, 영구치가 좀처럼 나지를 않는데요.

▶ 二人は永遠を誓った。 두 사람은 영원을 약속했다.

せめて言わせて「幸せです」と

적어도 말하게 해 줘 '행복합니다'라고

言う(말하다)의 사역형인 言わせる는 '말하게 만들다, 말하게 시키다'라는 뜻을 갖습니다. 그런데 본인의 의사를 확실하게 나타내고 싶은 경우, '내가 말하게 해 줘'라는 의미에서 '나 말 좀 할게'라고 할 때 言わせて라는 표현을 사용한답니다. 여기서는 '적어도 행복하다는 감정만큼은 말하게 해 달라' 다시 말해 굉장히 행복하다는 사실을 알 수 있는 대목인 것 같아요. 불만이 있는 경우에도 言わせてもらいますけど라는 표현을 써서 '말 좀 하겠는데요'와 같은 뉘앙스를 풍길 수 있답니다.

▶ 最後だから一言だけ言わせて。 마지막이니까 한 마디만 할게.

うまく行かない日だって

일이 잘 안 풀리는 날이라도

うまく行く는 '좋은 결과로 이어지다, 순조롭게 진행되다'라는 의미로, 일이나 인간관계 등 다방면에서 쓰이는 말이에요. 만약 잘 되고 있는 상황을 묘사한다면 うまく行っている (잘 되고 있다)라고 해서 상태 표현을 사용하는 것이 자연스러워요. 뒤에 나오는 だって는 확실하지 않은 것을 나타내는 말 또는 수량이나 정도를 나타내는 말에 붙어 예외 없이 그러함을 가리키는 역할을 합니다. ～でも(~해도), ～も(~도)와 바꿔 쓸 수 있어서 '누구나 할 수 있어'라는 말을 誰でもできる 대신 誰だってできる라고도 표현할 수 있답니다.

▶ 最近彼とうまく行ってる？ 요새 그 사람이랑 잘 되고 있어?

▶ 子供の成長は一瞬だって見逃したくない。
아이의 성장은 한 순간도 놓치고 싶지 않다.

二人でいれば晴れだって！

ふたり　　　　　　　は

둘이서 함께라면 맑을 거라고!

여기서 나오는 だって는 앞에서 설명 드린 だって와 전혀 다른 표현이라는 사실, 눈치 채셨나요? 얼핏 보면 같은 것 같지만 이 소절에서는 晴れだ 뒤에 って가 붙어 '~란 말이야!, ~라고!'처럼 상대의 주의를 집중시켜 애타는 마음을 호소하는 표현으로 쓰였답니다. 때로는 って 대신 ってば라고도 합니다.

▶ だからもうわかったって！　 그러니까 이제 알았다고!

▶ 遊んでってば！　 놀아 달라니까!
　 あそ

強がりや寂しさも忘れられるから

つよ　　　　さみ　　　　　わす

강한 척이나 외로움도 잊을 수 있으니까

強がり는 동사 強がる(강한 척을 하다)의 명사 형태예요. がる는 형용사나 조동사에 접속하여 '그렇게 느끼다[예: 悲しがる(슬퍼하다)]'라는 의미를 갖거나 형용사나 일부 명사에 접속하여 '그런 듯이 행동하다, 그러한 척을 하다[예: 痛がる(아파하다, 아픔을 호소하다)]'라는 의미를 갖습니다. 후자의 의미로 쓰일 때는 실제로는 그렇지 않은데 거짓으로 꾸민다기보다는 보는 사람으로 하여금 그렇게 느껴지도록 행동한다는 의미라고 생각해 주세요. 참고로 감정을 나타내는 몇 가지 형용사는 ~がり屋(유독 ~하는 성질을 강하게 느끼는 사람)라는 명사로 쓰이기도 해요. 寂しがり屋(외로움 잘 타는 사람)처럼 말이죠.

▶ 悲しがっていたのでそばにいてあげました。　 슬퍼하고 있어서 곁에 있어 줬어요.
　 かな

▶ 私寂しがり屋だから。　 나 외로움 잘 타니까.
　 わたしさみ　　　や

二人フザけあった帰り道
둘이 서로 장난 치던 귀갓길

ふざける는 '농담을 말하거나 장난치다'라는 의미 외에도 '남녀가 꽁냥 거리다'라는 뜻으로도 쓰여요. 특히 ふざけあう라고 해서 '서로, 함께'를 나타내는 あう가 뒤에 붙었으니 어떤 모습인지 상상이 가시나요? 끈적거린다는 느낌보다는 서로 놀려 대며 다소 귀여운 느낌을 주는 표현이랍니다. 그런데 만약 상대방의 장난이 도가 지나치거나 분위기 파악을 못하고 까분다면 ふざけないで(장난 하지 마)라고 주의를 줄 수 있어요. 남자분들 사이에서는 다소 난폭한 말투인 ふざけんな라는 말도 이따금씩 쓰죠.

▶ そういえば、ふざけ合ったり、未来語り合ったりしてたよね。
   그러고 보니 장난 치면서 놀기도 하고 미래에 대해 깊은 얘기도 나누곤 했었지.

明日を見失いそうに
내일을 잃어버릴 듯

失う(잃다)는 물건이나 사람을 잃는 것을 가리키는 말이에요. 그런데 지금까지 보고 있던 것을 시야에서 놓치거나 어디에 있는 지 알 수 없게 된 경우에는 그 대상이 사람이든 사물이든 見失う(놓치다, 잃다)라고 말합니다. 많은 인파 속에서 같이 있던 사람을 놓치게 된 경우에 이 말을 쓸 수 있겠네요. 물론 이 소절과 같이 추상적 개념과도 자주 등장한답니다. '내일'이라는 것은 분명 바로 가까이에서 보이는 미래인데 그것을 시야에서 놓쳐 '잃을 것 같다'라고 표현한다면 희망이 흔들리는 상황을 나타내는 표현이 되겠죠? 분명 한 글자 차인데 전하고 싶은 바가 미묘하게 다르다는 점이 가사를 공부할 때 느낄 수 있는 매력인 것 같습니다.

▶ 人ごみの中で友人を見失いそうになった。 인파 속에서 친구를 놓칠 뻔했다.

▶ 人生の目標を見失ってしまいました。 인생의 목표를 잃어버렸어요.

STEP 03 눈과 귀로 한자 익히기

다시 Step 01로 가서 노래를 들으며 일본어 가사를 눈으로 읽어 보세요.
이 연습을 반복하면 일본어 한자와 어휘를 쉽게 익힐 수 있습니다.

STEP 04 한자 읽기와 어휘 확인

1. 다음 단어를 읽고 히라가나로 적어 보세요.

① 日々

_____

② 過ぎ去った

_____

③ 永久

_____

④ 巡り合えた

_____

⑤ 空いて

_____

⑥ 満たされて

_____

⑦ 見失いそう

_____

⑧ 晴れ

_____

⑨ 分け合える

_____

⑩ 愛しい

_____

2. 다음 단어의 뜻을 적어 보세요.

① 積み重なる

_____

② 軌跡

_____

③ 永久

_____

④ せめて

_____

⑤ 包む

_____

⑥ 強がる

_____

⑦ 愛しい

_____

⑧ ふざける

_____

⑨ 見失う

_____

⑩ 超える

_____

 정답

1. ①ひび ②すぎさった ③とわ ④めぐりあえた ⑤あいて ⑥みたされて ⑦みうしないそう ⑧はれ ⑨わけあえる ⑩いとしい

2. ①겹쳐 쌓이다, 겹쳐지다 ②궤적, 자취 ③영원, 영구 ④적어도 ⑤포장하다, 감싸다 ⑥강한 척 하다 ⑦사랑스럽다 ⑧장난치다, 실없이 굴다 ⑨(보던 것을) 놓치다, (원래 모습을) 잃다 ⑩초월하다, 뛰어넘다

Unit 11

Stars

中島美嘉 나카시마 미카

나카시마 미카는 '雪の華(ゆき はな)(눈의 꽃)'를 부른 가수로 한국에서도 잘 알려져 있는데, 사실은 배우로 먼저 데뷔를 했답니다. 중학교 졸업 후 고등학교에 진학하지 않은 그녀는 모델 아르바이트를 하며 가수의 꿈을 키워 갔고 본인의 노래를 담은 데모 테이프를 소니 레코드에 보내게 됩니다. 그녀의 음색에 끌린 스탭은 소니가 주최하는 보컬 오디션에 출전할 수 있는 기회를 주었고 그 이후 드라마 오디션을 통해 주인공으로 발탁이 되며 배우로 데뷔를 하게 돼요. 그리고 그 드라마의 주제가를 부른 가수로 앨범을 내게 되는데 그게 바로 이번에 소개하게 되는 'Stars'라는 곡이랍니다. 2001년에 방영한 나카시마 미카의 데뷔작 '傷だらけのラブソング(きず)(상처투성이의 러브송)'는 가수를 꿈꾸는 주인공과 프로듀서로서의 재기를 꿈꾸는 주인공이 고군분투하며 성장해 가는 과정을 그린 드라마예요. 주제곡인 'Stars' 역시 꿈을 쫓으며 진지하게 본인과 마주하는 이야기를 절절히 담아내고 있어 그녀를 이 자리에 있게 만들어준 모습을 상상하며 듣기 참 좋은 노래인 것 같습니다. 오리콘 차트 3위를 기록하며 많은 사랑을 받은 이 곡은 커버곡으로도 유명한데, 우리나라에서는 화요비와 민효린이 리메이크하여 불렀다고 하네요.

❁ やっぱりあの星は

見つからなかったと

夜空に背を向けた

願いに疲れた自分がいたよ

❁ ひとつの真実に

瞳を閉じてしまいたい

明日になれば

今日とは違う星がきっと

輝くはず

❁ Wondering Stars

まだ暗い空に

散らばる夢のかけらよ

無力な言葉よりも

ただ見つめ合えた瞬間

煌めくよ

어휘

夜空 ^{よ ぞら} 밤하늘

疲れる ^{つか} 지치다, 피로해지다

まだ 아직(도)

かけら 조각, 파편

背を向ける ^{せ む} 등을 지다, 등을 돌리다

瞳 ^め 눈동자, 동공, 눈

散らばる ^ち 흩어지다

煌めく ^{きら} 빛나다, 번쩍거리다

가사 해석

역시 저 별은
찾을 수 없었다며
밤하늘에 등을 진
소원에 지친 내가 있었어

하나의 진실에
눈을 감아 버리고 싶어
내일이 되면
오늘과는 다른 별이 분명
빛나고 말거야

Wondering Stars
아직 깜깜한 하늘에
흩뿌려지는 꿈의 조각들이여
무력한 말 보다도
그저 서로 바라볼 수 있던 순간
빛날 거야

❀ I Wanna Be Loved

いつかは未来

最後の奇跡の中で

光と闇に抱かれて

心の空に

かすかな夢を見つける

❀ あんなに離れてる

小さなあの星が

輝いているのは

想いを信じているからでしょう

❀ 手に触れられないと

存在しないような

あきらめ方を

してしまうけど

遠い光

消えやしない

어휘

闇 어둠 （やみ）

かすか 희미함, 어렴풋함

あきらめる 포기하다, 체념하다

가사 해석

I Wanna Be Loved
언젠가는 미래
마지막 기적 속에서
빛과 어둠에 안겨
마음의 하늘에서
희미한 꿈을 발견해

저렇게나 떨어진
작은 저 별이
빛나고 있는 것은
마음을 믿고 있기 때문이겠지

손에 닿지 않으면
존재하지 않는 듯
체념을
해 버리지만
먼 빛
사라지거나 하진 않아

❀ Forever Star

Forever Crying 永遠(とわ)に

忘(わす)れることはないでしょう

涙(なみだ)に滲(にじ)む空(そら)を

ふと思(おも)い出(だ)した瞬間(とき)

そばにいる

❀ I Wanna Be Loved

あなたはずっと

悲(かな)しい別(わか)れの後(あと)も

一人(ひとり)で歩(ある)き出(だ)すこと

教(おし)えてくれる

見(み)えない星(ほし)に祈(いの)りを…

❀ 窓(まど)の向(む)こうには夜(よる)があるよ

輝(かがや)くために

ずっと待(ま)っている

もう一度(いちど)灯(あか)り消(け)せば

どこかにあの星(ほし)

어휘

向こう ^む 저편, 건너편   灯り ^{あか} 불빛

가사
해석

Forever Star
Forever Crying 영원히
잊을 일은 없겠지
눈물에 젖은 하늘을
문득 떠올린 순간
곁에 있어

I Wanna Be Loved
당신은 계속해서
슬픈 이별 후에도
홀로 걷기 시작하는 법을
가르쳐 주네
보이지 않는 별에 기도를…

창가 저편에는 밤이 있어
빛나기 위해
계속 기다리고 있어
다시 한 번 불빛을 끄면
어딘가에 그 별

❀ We're Wondering Stars

あなたがいる

描<small>えが</small>いた夢<small>ゆめ</small>のむこうに

最後<small>さいご</small>に大事<small>だいじ</small>なのは

喜<small>よろこ</small>びを分<small>わ</small>け合<small>あ</small>える

愛<small>いと</small>しさよ

❀ I'm Gonna be a Star

新<small>あら</small>たな未来<small>みらい</small>

つないだ奇跡<small>きせき</small>の中<small>なか</small>で

光<small>ひかり</small>と闇<small>やみ</small>に抱<small>だ</small>かれて

心<small>こころ</small>の空<small>そら</small>に

心<small>こころ</small>の空<small>そら</small>に

確<small>たし</small>かな夢<small>ゆめ</small>を見<small>み</small>つける

어휘

大事^{たいじ}だ 중요하다, 소중하다

新^{あら}た 새로움

가사 해석

We're Wondering Stars
당신이 있어
그려 왔던 꿈 저편에
마지막으로 소중한 것은
기쁨을 서로 나눌 수 있는
사랑스러움이야

I'm Gonna be a Star
새로운 미래
이은 기적 속에서
빛과 어둠에 안겨
마음의 하늘에서
마음의 하늘에서
확실한 꿈을 발견해

STEP 02 핵심 표현 학습하기

瞳を閉じてしまいたい
눈을 감아 버리고 싶어

瞳는 대개의 경우 ひとみ라고 읽지만 때에 따라서는 め라고 읽기도 합니다. 이와 같이 다양한 요미가나가 허용되는 단어는 글을 쓰는 사람의 의도에 따라 얼마든지 바뀔 수 있고, 소설이나 가사처럼 자의적으로 해석할 수 있는 글에서 자주 볼 수 있는 형태랍니다. ひとみ라고 읽을 때는 보통 '눈동자'를 의미하고 め라고 읽을 때는 '눈'이나 '시선'을 나타내기 때문에 '눈을 감다'라고 할 때는 굳이 瞳라는 한자를 쓸 필요도 없이 目を閉じる라고 쓰는 것이 일반적이에요. 하지만 화자는 단순히 눈을 깜빡인다거나 잠을 잔다는 물리적인 의미가 아니라 현실을 외면하고 싶다는 의미에서 눈을 감아 버리고 싶다고 표현하고 싶었나 봐요.

▶ 瞳がキラキラしている人が好きです。 눈동자가 반짝거리는 사람이 좋아요.

輝くはず
빛나고 말거야

'현재형＋はず'는 당연히 그렇게 될 것이라고 예상하며 확신할 때 쓰이는 형식 명사예요. 그래서 정해진 뜻으로 항상 똑같이 해석하기보다는 문맥에 맞게 바꿔 주는 게 자연스러운 표현이랍니다. 여기서는 앞 소절에서 きっと(분명히, 꼭)라는 확신을 나타내는 부사가 왔기 때문에 '빛나고 말거야'라고 표현한 것일 뿐 얼마든지 다른 말로 대신할 수 있어요. 그리고 가사에서처럼 아직 일어나지 않은 일에 대한 확신을 나타낼 때도 쓰지만 '과거형＋はず'로 쓸 경우에는 '난 분명히 그런 줄 알고 있었다'라는 의미가 된답니다.

▶ 彼はもうそろそろ来るはずですよ。 그는 이제 슬슬 올 때가 됐어요.

▶ あれ？財布持って来たはずなんだけど。
이상하네? 분명히 지갑 가지고 온 줄 알았는데.

散らばる夢のかけらよ

흩뿌려지는 꿈의 조각들이여

散らばる는 '하나로 뭉쳐져 있던 것이 뿔뿔이 흩어지다, 산란하다'라는 뜻을 가지며 사람과 사물 모두를 대상으로 사용할 수 있어요. 비슷한 단어 散らかる와 헷갈려 하시는 분들이 많은데, 이것은 주로 물건이 어질러져 있는 것을 가리킵니다. 여기서는 꿈의 조각이 여기 저기 흩어져서 아직 하나로 뭉쳐지지 않았다는 것, 다시 말해 이루어지지 않은 꿈에 대해 묘사하고 있는 내용인 것 같네요.

▶ パズルのピースがあちこちに散らばっている。 퍼즐 조각이 여기저기 흩어져 있다.

▶ 散らかってますが、どうぞ。 지저분하지만 들어오세요.

ただ見つめ合えた瞬間

그저 서로 바라볼 수 있던 순간

'지그시 쳐다보다'를 뜻하는 見つめる와 '서로~하다'를 뜻하는 合う가 합쳐진 見つめ合う는 '서로 바라보다'라는 의미가 됩니다. 애틋함이 느껴지네요. 그리고 그 뒤에 나오는 瞬間이라는 한자도 앞서 설명 드린 것 처럼 읽는 방법이 다양한 단어 중 하나예요. 일반적으로는 しゅんかん이라고 읽지만 경우에 따라서는 とき라고 읽을 수도 있기 때문이죠. とき는 보통 時라고 쓰고 어떤 '시점, 때'를 나타낸다는 사실을 보면 가사에 나오는 '서로 바라볼 수 있던 때'가 아주 짧은 '순간'이었다는 것을 의미하고 싶었던 모양이에요.

▶ 両思いの二人は見つめ合うだけで相手の気持ちがわかるらしい。
좋아하는 사이인 두 사람은 서로 바라보는 것만으로 상대의 마음을 알 수 있는 모양이다.

▶ 彼女に出会った瞬間、ピンときた。 그녀를 만난 순간 느낌이 왔다.

想^{おも}いを信^{しん}じているからでしょう

想^{おも}いを信^{しん}じているからでしょう

마음을 믿고 있기 때문이겠지

~でしょう는 だろう의 정중한 어투로, 상황에 따라 의미가 다소 다르지만 내려 읽는 경우에는 주로 추량이나 부드러운 단정을 나타내는 표현이에요. 일기예보에서 자주 쓰이는 형태이고 이 소절에서는 별이 빛나고 있는 이유가 꿈을 향한 마음, 소망을 믿고 있기 때문이라며 부드럽게 단정하고 있다는 걸 알 수 있어요. 반면 でしょう를 올려 읽는 경우에는 상대방에게 동의를 구하거나 강조를 하는 의미로 쓰입니다. もう寝^ねていいでしょう？(이제 자도 되죠?), これくらいはわかるでしょう？(이 정도는 알잖아요?)처럼 말이죠.

▶ 来週^{らいしゅう}からは湿度^{しつど}が高^{たか}く、蒸^むし暑^{あつ}くなるでしょう。

다음 주부터는 습도가 높고 무더워지겠지요.

▶ 思^{おも}ったほど悪^{わる}くないでしょう？　생각했던 것만큼 나쁘지 않지?

消^きえやしない

消^きえやしない

사라지거나 하진 않아

~やしない라는 것은 사실 부정을 나타내는 ない와 같은 뜻을 가져요. 다만, やしない라는 말을 썼을 때 좀 더 주관적이고 감정적인 느낌을 전달하게 됩니다. 화자의 의견이나 예상이 내포되기 때문이죠. '사라지거나 하지 않으니까 걱정하지 마'와 같은 감정까지 첨언하는 표현이랄까요. 그래서 消^きえる(사라지다, 꺼지다)의 부정형인 消^きえない(사라지지 않는다)는 있는 그대로의 사실을 전달하거나 보편적인 것을 나타낸다고 생각해 주세요. 다만, やしない는 부정형 대신으로만 쓸 수 있답니다.

▶ そんな王子様^{おうじさま}みたいな人^{ひと}、どこにもいやしないよ。

그런 왕자님 같은 사람, 그 어디에도 없어.

ふと思い出した瞬間
문득 떠올린 순간

ふとは 어떤 계기가 생겼거나 발상이 떠오른 모양새를 가리키는 말로, '우연히' 또는 '문득'이라는 뜻이에요. 여기서처럼 思い出す(생각해 내다)와 같은 말과 함께 쓰는 경우가 많아요. 思い出す는 과거의 일이나 잊었던 일을 떠올릴 때 혹은 상기시킬 때 나오는데, 비슷하면서 자주 쓰는 표현에는 ふとした瞬間、思い出した(불현듯 생각이 났다)와 같은 말이 있답니다.

▶ 道端で懐かしい匂いがすると、ふと立ち止まっちゃうよね。
길거리에서 그리운 냄새가 나면 갑자기 멈춰 서게 돼 버리지.

▶ 子供の頃の夢を思い出してみてください。 어렸을 때 꿈을 떠올려 보세요.

喜びを分け合える愛しさよ
기쁨을 서로 나눌 수 있는 사랑스러움이야

일본어는 형용사 어간에 さ를 붙이면 정도를 나타내는 명사가 돼요. 그래서 愛しい(사랑스럽다)는 愛しさ(사랑스러움)가 되는 거죠. 다른 것도 몇 개 만들어 볼까요? '길이'는 長さ가 되고 '어른스러움'은 大人っぽさ가 되며 '조용함'은 静かさ가 된답니다.

▶ 彼女の美しさにみんな言葉を失った。 그녀의 아름다움에 모두 할 말을 잃었다.

▶ だんだん大人っぽさが増してきましたね。 점점 더 어른스러워져 가네요.

STEP 03 눈과 귀로 한자 익히기

다시 Step 01로 가서 노래를 들으며 일본어 가사를 눈으로 읽어 보세요.
이 연습을 반복하면 일본어 한자와 어휘를 쉽게 익힐 수 있습니다.

STEP 04 한자 읽기와 어휘 확인

1. 다음 단어를 읽고 히라가나로 적어 보세요.

① 夜空 _____

② 閉じて _____

③ 散らばる _____

④ 煌めく _____

⑤ 抱かれて _____

⑥ 滲む _____

⑦ 祈り _____

⑧ 灯り _____

⑨ 描いた _____

⑩ 新たな _____

2. 다음 단어의 뜻을 적어 보세요.

❶ 見つかる

_____

❷ 背を向ける

_____

❸ 散らばる

_____

❹ かけら

_____

❺ 煌めく

_____

❻ あきらめる

_____

❼ ふと

_____

❽ 灯り

_____

❾ 描く

_____

❿ 大事だ

_____

 정답

1. ❶よぞら ❷とじて ❸ちらばる ❹きらめく ❺だかれて ❻にじむ ❼いのり ❽あかり
❾えがいた ❿あらたな
2. ❶발견되다 ❷등을 지다, 등을 돌리다 ❸흩어지다 ❹조각, 파편 ❺빛나다, 번쩍거리다 ❻포기하다,
체념하다 ❼우연히, 문득 ❽불빛 ❾그리다, 묘사하다 ❿중요하다, 소중하다

Unit 12

ひと いろ
一色 일색

なかしま み か
中島美嘉 나카시마 미카

나카시마 미카는 한 번 들으면 잊혀지지 않은 매력적인 보이스와 신비로운 분위기로 유명한데, 애수에 젖은 음색과 창법이 흔한 사랑을 읊는 가사보다는 왠지 애절한 시와 어울립니다. 그리고 바로 그 느낌을 맛볼 수 있는 노래 '一色(일색)'는 나카시마 미카가 'NANA starring MIKA NAKASHIMA'의 명의로 2006년에 발매한 20번째 싱글이랍니다. 이 곡은 순정 만화 NANA를 원작으로 한 영화 'NANA 2'의 주제곡으로, 전작 'NANA'에 이어 이번에도 밴드의 메인 보컬 역할을 맡은 나카시마 미카가 주인공으로 출연했어요. 이 영화의 클라이맥스를 장식하는 라이브 장면에서 그녀가 혼신을 다해 노래하는 모습이 주목할 만하다고 합니다. 당시 원작이 일본 순정 만화 역사상 권당 발행 부수 200만 부를 넘긴 유일한 만화일 정도로 어마어마한 인기를 누렸기 때문에 영화에 대한 관심도 컸고 2005년에 개봉한 'NANA'는 300만 명의 관객을 동원하며 큰히트를 쳤답니다. 전작의 주제곡인 GLAMOROUS SKY에 이어 '一色(일색)' 역시 원작자인 矢沢あい(야자와 아이)가 작사를 담당했다고 하니 그녀의 시적인 감각을 느낄 수 있는 가사에 집중하며 노래를 들어 보세요.

❀ また一片花びらが千切れる
　風を止める力はない
　向こう岸で泣き崩れる君に
　せめてもの餞になれ

❀ あの日の約束は忘れていいよ

❀ ただ一足乗り過ごした愛が
　何故こんなに全て引き裂く
　また一筋星屑が流れる
　時を止める力なんてないから

❀ 祈りを捧げなよ 一つでいいよ
　自分の幸せを願えばいいよ

　①

❀ 同じ色の痛みを許し合って
　違う色の過ちを責めた
　同じ色の明かりを灯し合って
　違う色の扉を隠した

一片 한 조각, 한 장　　　　　　花びら 꽃잎

千切れる 조각조각 찢어지다, 찢기다　　岸 물가

せめてもの 작으나마, 부족하나마

餞 격려하거나 축하하는 마음으로 이별하는 사람에게 주는 선물

引き裂く (사이를) 갈라놓다　　　　一筋 한 줄기

捧げる 바치다, 받들어 올리다　　　過ち 과오, 잘못

責める 책망하다, 나무라다　　　　灯す 불을 켜다, 밝히다

扉 문, 문짝

또 꽃잎 한 잎이 찢겨
바람을 멈추는 힘은 없어
강 건너 저편에서 무너지듯 우는 너에게
부족하나마 작별 선물이 되어라

그날의 약속은 잊어도 좋아

그저 한 발 늦은 사랑이
왜 이렇게 모든 걸 갈라놓는건지
또 한 줄기 무수한 별들이 흘러가
시간을 멈추는 힘 따위는 없으니까

기도를 드려 하나라도 좋아
네 행복을 빌면 돼

①

같은 색의 아픔을 서로 용서하고
다른 색의 잘못을 나무랐어
같은 색의 빛을 함께 밝히며
다른 색의 문을 감췄어

❀ 今君の為に色褪せた花が散る
❀ 今君の為に色褪せた星が散る

②

❀ その夢の中でおやすみ

❀ あと一匙入れ損ねた愛が
何故こんなに全て狂わす
もう一荒れ来そうな街角
傷を庇う傘なんてないから

❀ 出口をみつけなよ一つでいいよ
自分の幸せを探せばいいよ

❀ 同じ色のリズムを刻み合って
違う色の足音を消した
同じ色の景色を描き合って
違う色の季節を閉ざした

어휘

色褪せる (いろあ) 빛 바래다

一匙 (ひとさじ) 한 숟가락, 한 스푼

庇う (かば) 감싸다

色付く (いろづ) 물이 들다

損ねる (そこ) 손상하다, (건강을) 해치다

가사 해석

지금 너를 위해 빛바랜 꽃이 져
지금 너를 위해 빛바랜 별이 져

②
그 꿈 속에서 잘 자

한 스푼 더 미처 담지 못한 사랑이
왜 이렇게 모든 걸 미치게 하는지
또 한바탕 몰아닥칠 듯한 골목에
상처를 감싸는 우산 같은 건 없으니까

출구를 찾아 봐 하나라도 좋아
네 행복을 찾으면 돼

같은 색의 리듬을 서로 새기고
다른 색의 발소리를 지웠어
같은 색의 경치를 함께 그리고
다른 색의 계절을 가뒀어

中島美嘉 나카시마 미카 **171**

✿ 今君の為に色褪せた夜が散る
今君の為に色付いた朝が来る

②

③

✿ SWEET DREAMS, BABY

SWEET DREAMS, BABY

✿ 何処かで何時かまた出会えたら
やり直せるかな 続きはあるの？
リセットできない時間に追い越されてしまう

✿ 泣かないで 優しさと弱さは違うよねぇ

①

✿ 今君の為に色付いた花が咲く
今君の為に色付いた星が降る

②

③

まちかど
街角 길모퉁이

なお
やり直す 다시 하다

お こ
追い越す 초월하다

지금 너를 위해 빛바랜 밤이 져
지금 너를 위해 물든 아침이 와

②

③

SWEET DREAMS, BABY
SWEET DREAMS, BABY

어딘가에서 언젠가 또 만날 수 있다면
다시 시작할 수 있을까, 다음은 있는 거야?
리셋할 수 없는 시간에 추월 당해 버려

울지마 상냥함과 약함은 다른 거야, 그치?

①

지금 너를 위해 물든 꽃이 피어
지금 너를 위해 물든 별이 내려

②

③

また一片花びらが千切れる
또 꽃잎 한 잎이 찢겨

一片(한 장, 한 조각)을 ひとひら라고 읽을 때는 얇고 평평하고 작은 것을 세는 단위로, 종이나 꽃잎을 셀 때 쓰이고 ひときれ, ひとかけ라고 읽는 경우에는 큰 덩어리에서 떼어 낸 일부분을 가리키는 단위로, 고기나 구름 등에 쓰여요. 물론 그 대상을 나누지 않는다면 일반적으로 いっぺん이라고 읽습니다. 더불어 곡의 제목 一色(일색)을 いっしょく라고 읽지 않고 ひといろ라고 읽는 걸 보면 작가의 의도를 엿볼 수 있겠죠? 마치 영상을 보듯 섬세한 묘사로 시작되는 가사네요.

▶ 一片の肉も残さず食べきった。 고기 한 조각도 남기지 않고 다 먹었다.

向こう岸で泣き崩れる君に
강 건너 저편에서 무너지듯 우는 너에게

岸는 본래 바다, 강, 호수 등 물에 인접한 물가를 가리키거나 벼랑이나 낭떠러지를 뜻하는 말이지만 여기서의 向こう岸는 심리적으로 먼 거리를 나타내는 표현으로 쓰인 것 같아요. '건너지 못할 강을 건넜다'와 같은 의미에서의 강 건너편을 비유적으로 나타낸 거죠. 또 泣き崩れる가 엎어져 흐느껴 우는 모습을 가리킨다는 점을 감안하면 이별하는 슬픈 장면이 눈앞을 스치네요.

▶ 向こう岸に渡るにはこの方法しかない。 강 맞은편으로 건너려면 이 방법밖에 없다.

▶ 突然の両親の死に泣き崩れてしまいました。
갑작스런 부모님의 죽음에 무너져 내리듯 울고 말았습니다.

ただ一足乗り過ごした愛が
그저 한 발 늦은 사랑이

乗り過ごすは 전철이나 버스 등을 타고 가다가 목적지에 내리지 못하고 지나치는 것을 의미하는 말이에요. 사랑이 때 맞춰 내리지 못했다는 것은 타이밍을 맞추지 못한 것에 대한 아쉬움을 표현하는 부분이고 뒤에 이어 나오는 全て引き裂く (모든 걸 갈라놓는다)라는 가사도 함께 보면 단지 한 발 늦은 사랑 때문에 비극적인 결과를 맞이하게 되었다는 절망감을 느낄 수 있는 것 같아요.

▶ スマホいじってるとつい乗り過ごしちゃうの。
　스마트폰 만지고 있으면 모르는 사이에 역을 지나쳐 버려.

また一筋星屑が流れる
또 한 줄기 무수한 별들이 흘러가

星屑는 여기저기 흩어져 빛나는 많은 양의 별을 뜻해요. 본래 屑는 어떤 물건에서 떨어져 나온 조각, 자투리 등 더이상 쓸모가 없는 것을 가리킬 때 쓰는 말이랍니다. 紙くず (종이 쪼가리), 糸くず(실밥)와 같은 단어에서 볼 수 있죠. 그런데 くず가 하찮은 존재, 속된 말로 사람을 '쓰레기'에 빗대어 표현할 때도 쓸 수 있답니다. 여기서 이야기하는 한 줄기 수 많은 별의 흐름이란 시간의 경과를 나타내고 있는 것 같네요.

▶ お金が単なる紙くずになる日が来るかも。
　돈이 단순한 휴지 조각이 되는 날이 올지도.

▶ クズみたいな生活を送ってました。 쓰레기 같은 생활을 했었어요.

祈りを捧げなよ 一つでいいよ

기도를 드려 하나라도 좋아

捧げる는 '바치다, 받들어 올리다'라는 뜻을 갖기 때문에 祈りを捧げる라고 하면 '기도를 바치다' 다시 말해 엄숙한 느낌으로 소원을 비는 것을 가리켜요. 그리고 祈りを捧げなよ 에서 〜なる 나さい의 생략된 형태로, '~하렴'과 같이 친밀한 관계에서 사용할 수 있는 명령형으로 쓰이기 때문에 기도를 드리라고 조언하는 듯한 뉘앙스라고 생각하시면 됩니다. 또 이때 よ는 명령형 뒤에 붙어 그 의미를 강조하는 역할을 하니까 '기도를 드리려무나'와 같은 느낌이 될 것 같네요.

▶ 世界中のお母さんにこの歌を捧げます。 이 세상 모든 어머니에게 이 노래를 바칩니다.

▶ もっと食べなよ。 더 먹으려무나.

あと一匙入れ損ねた愛が

한 스푼 더 미처 담지 못한 사랑이

匙는 물건을 뜰 때 쓰는 작은 도구를 일컫는 말로 '숟가락'이나 '스푼'을 가리킵니다. 그래서 一匙라고 하면 '한 숟갈, 한 스푼'이 되겠죠? ます형 뒤에 損ねる가 오면 '~하는 것에 실패하다' 또는 '~할 기회를 놓치다'라는 의미가 돼요. 그래서 入れ損ねる는 '넣는 것에 실패하다' 다시 말해 사랑을 한 스푼 넣지 못했다는 뜻이 되는데, 이를 쉽게 이해할 수 있는 예가 있어요. 한때 한국에서 '신이 당신을 만들 때'라는 제목으로 '욕망 한 스푼 넣고 자신감 두 스푼 넣고 외모를 넣는 것을 깜빡했다' 등의 패러디가 유행한 적이 있었죠. 이때의 '넣는 것을 깜빡했다'라는 감각이 바로 入れ損ねる가 된답니다.

▶ ごま油をひとさじ入れるだけでグッとおいしくなりそうです。
참기름을 한 숟갈 넣는 것만으로 더욱 맛있어질 것 같아요.

▶ 彼らの多くは作家になり損ねた人だった。
그들 대부분은 작가가 미처 되지 못한 사람들이었다.

もう一荒れ来そうな街角
또 한바탕 몰아 닥칠 듯한 골목에

一荒れ는 날씨가 한동안 거칠어지는 것을 뜻하거나 사람의 기분이 나빠져 다툼이 일어나는 것을 가리키는 말로, '비바람이나 눈보라가 휘몰아치다' 또는 '한바탕 격전이 일어나다'와 같은 의미로 쓰여요. 본래 荒れる가 '거칠어지다, 난폭하게 굴다'라는 뜻을 갖거든요. 그래서 '피부가 거칠어지다'라는 말도 肌が荒れる라고 표현할 수 있답니다. 이 부분은 아마 앞으로 닥칠 시련을 예상하게 만드는 소절인 것 같아요.

▶ 最近学校が荒れているらしい。 요새 학교가 난리가 난 모양이다.

傷を庇う傘なんてないから
상처를 감싸는 우산 같은 건 없으니까

庇う(감싸다)는 외부로부터 피해를 입지 않도록 지켜주는 행위를 나타내는 말로, 감싸는 대상으로는 주로 사람이나 상처가 쓰여요. 여기서는 傷を庇う라고 해서 감싸는 대상으로 '상처'가 쓰였고, 앞 소절에서 나온 휘몰아치는 시련으로부터 그 상처를 지켜줄 수 있는 '우산' 같은 게 없다고 표현한 이유는 一荒れ가 비바람과 같은 거친 날씨를 가리키기도 하기 때문이겠죠.

▶ いじめられている子を庇う勇気。 따돌림 당하는 아이를 감싸는 용기.

STEP 03 눈과 귀로 한자 익히기

다시 Step 01로 가서 노래를 들으며 일본어 가사를 눈으로 읽어 보세요.
이 연습을 반복하면 일본어 한자와 어휘를 쉽게 익힐 수 있습니다.

STEP 04 한자 읽기와 어휘 확인

1. 다음 단어를 읽고 히라가나로 적어 보세요.

① 一片

_____

② 泣き崩れる

_____

③ 星屑

_____

④ 色褪せた

_____

⑤ 一匙

_____

⑥ 街角

_____

⑦ 庇う

_____

⑧ 刻み合って

_____

⑨ 何処

_____

⑩ 追い越されて

_____

2. 다음 단어의 뜻을 적어 보세요.

① 千切れる

     _____

② せめてもの

     _____

③ 餞

     _____

④ 引き裂く

     _____

⑤ 捧げる

     _____

⑥ 過ち

     _____

⑦ 責める

     _____

⑧ 色褪せる

     _____

⑨ 庇う

     _____

⑩ 追い越す

     _____

Unit 13

'Flavor of life'는 2007년에 발매된 우타다 히카루의 18번째 싱글로, 동시에 드라마 '花より男子2(リターンズ)(꽃보다 남자 2(리턴즈))'의 이미지송이자 삽입곡이에요. 그녀는 이 드라마 원작이 되었던 만화책 '花より男子(꽃보다 남자)'의 팬이었기에 혼쾌히 곡을 제공하기로 했고 가사는 드라마의 시청자층을 의식하여 비교적 알기 쉽게 썼다고 하네요. 원작 만화가 순정만화계의 레전드라 불리는 만큼 2005년에 방영된 '꽃보다 남자' 시즌1은 수많은 팬들의 관심 속에서 높은 시청률을 기록했고 당시 주연으로 발탁된 井上真央(이노우에 마오)와 松本潤(마츠모토 준)이 극 안에서의 역할과 너무 잘 어울린다며 호평을 받은 바 있습니다. 대만에서는 2001년에 이미 이 만화를 원작으로 한 드라마 '유성화원(流星花園)'이 폭발적인 인기를 끌었고, 우리나라에서도 2009년에 구혜선과 이민호 주연의 '꽃보다 남자'가 리메이크되어 방영되었죠. 정말 많은 주목을 받은 작품이었던지라 드라마를 보지 않았던 분들도 당시에 일본에 계셨다면 반가운 마음으로 곡을 감상하실 수 있을 것 같아요.

가사 보며 강의 듣기

①

✿ ありがとう、と君に言われると

なんだかせつない

さようならの後も解けぬ魔法

淡くほろ苦い

The flavor of life

✿ 友達でも恋人でもない中間地点で

収穫の日を夢見てる青いフルーツ

✿ あと一歩が踏み出せないせいで

じれったいのなんのってbaby

①

✿ 甘いだけの誘い文句

味っけの無いトーク

そんなものには興味をそそられない

せつない 애달프다, 애절하다

解ける (묶여 있던 것이) 풀리다, (속박되거나 금지된 것이) 풀리다

淡い 연하다, 옅다, 어렴풋하다

ほろ苦い 쌉싸름하다, 쌉싸래하다

収穫 수확

踏み出す (발을) 내딛다

じれったい 애타다, 감질나다

誘い文句 꼬시는 멘트

味気ない 무미건조하다, 싱겁다, 따분하다

興味 흥미, 관심

가사
해석

①

고마워, 라는 말을 네게 들으면

왠지 애절해

안녕 하고 돌아선 뒤에도 풀리지 않는 마법

아련하고 쌉싸름해

The flavor of life

친구도 연인도 아닌 중간 지점에서

수확될 날만을 꿈꾸는 푸른 과일

나머지 한 걸음을 내딛을 수 없는 탓에

너무 애달아서 baby

①

달기만한 꼬시는 말투

싱거운 대화

그런 것들에는 흥미가 생기지 않아

가사 보며 강의 듣기

思い通りにいかない時だって
人生捨てたもんじゃないって

どうしたの?と急に聞かれると

ううん、なんでもない
さようならの後に消える笑顔
私らしくない

信じたいと願えば願うほど

なんだかせつない
「愛してるよ」よりも「大好き」の方が
君らしいんじゃない?

The flavor of life

忘れかけていた人の香りを突然思い出す頃
降りつもる雪の白さをもっと素直に喜びたいよ

ダイアモンドよりもやわらかくて
あたたかな未来手にしたいよ
限りある時間を君と過ごしたい

①

어휘

そそる 돋우다, 자아내다 　　　 捨てる 버리다

香り 향기 　　　 つもる 위로 포개어지며 쌓이다

素直 있는 그대로이며 가식이 없는 모양, 솔직함, 순수함

手にする 손에 넣다, 자기 소유로 만들다

限りある 유한하다, 끝이 있다 　　　 過ごす 지내다

가사 해석

뜻대로 되지 않을 때도
인생 살 만하다고

무슨 일이야? 라고 갑자기 물어보면
아니, 아무것도 아니야
안녕 하고 돌아선 뒤에 사라지는 미소
나답지 않아

믿고 싶다고 바라면 바랄수록
왠지 애절해
'사랑해'보다 '정말 좋아해'가
너답지 않아?
The flavor of life

잊혀져 가던 사람의 향기가 갑자기 떠오를 때쯤
차곡차곡 쌓이는 하얀 눈을 좀 더 순수하게 기뻐하고 싶어

다이아몬드보다도 부드럽고
따스한 미래 손에 넣고 싶어
끝이 있는 시간을 너와 보내고 싶어

①

さようならの後も解けぬ魔法

안녕 하고 돌아선 뒤에도 풀리지 않는 마법

여기서의 さようなら는 이별이나 작별을 뜻하는 것 같지는 않아요. 아마 함께 있다가 헤어질 때의 아쉬워하는 모습을 그리고 있는 듯한데, 그렇게 안녕 하고 돌아선 뒤에도 解けぬ魔法(풀리지 않는 마법)에서 解けぬ라는 것은 解けない(풀리지 않다)와 같은 뜻을 갖습니다. 이때 ぬ는 부정의 역할을 하는 고어로, 동사 활용은 ない와 같아요. 다만 する는 せぬ가 됩니다. 시대극에서 종종 ～ません 대신 ぬ를 사용하는 것을 볼 수 있는데 현대에는 회화체로 그렇게 쓰이는 경우는 없고 여기서처럼 가사와 같은 문어체로 사용되고는 해요.

▶ なんとも言えぬ魅力の持ち主だな。 말로 표현할 수 없는 매력을 가진 사람이군.

淡くほろ苦い

아련하고 쌉싸름해

淡い는 '색이나 맛이 진하지 않고 연하다' 또는 '형태나 빛이 희미하다'라고 해서 선명하지 않고 어렴풋한 이미지를 갖는 말로 쓰여요. 여기서는 앞에 나온 가사의 '풀리지 않는 마법'을 맛으로 묘사하기 위해 쓰인 것 같네요. ほろ苦い는 조금 쓴 맛이 느껴진다는 뜻으로 '쌉싸름하다, 쌉싸래하다'라고 표현할 수 있는데 이것은 ほろ(조금, 어쩐지)라는 의미를 갖는 말과 苦い(쓰다)라는 말이 합쳐진 형태랍니다. ほろ가 붙는 대표적인 단어에는 ほろ酔い가 있는데, 술을 마셔 살짝 취기가 있다는 뜻으로 쓰여요. '알딸딸' 정도가 되겠네요. ほろよい, 일본의 알콜 음료가 떠오르지 않으신가요?

▶ パステルカラーのような淡い色の方が落ち着く。
파스텔컬러 같은 옅은 색이 마음이 더 안정돼.

▶ ほろ酔い気分で踊るのが好きなんです。 알딸딸한 기분으로 춤추는 걸 좋아하거든요.

あと一歩が踏み出せないせいで
나머지 한 걸음을 내딛을 수 없는 탓에

踏み出すᄃ 、'발을 내딛다'라는 말로, 실제로 한 발 앞으로 전진한다는 의미도 되고 새로운 분야로 활동을 시작한다는 의미에서의 비유적인 표현으로도 사용할 수 있어요. 친구도 연인도 아닌 애매한 사이에서 연인 관계로 발전하게 만들어 주는 그 한 걸음을 뗄 수가 없어 안타까워하는 부분인데, 이때 踏み出せない(내딛을 수 없다) 뒤에 오는 せいᄂ 인과관계를 나타내는 말로 나쁜 결과를 초래할 때 혹은 탓을 돌릴 때 쓰는 말이에요. ～せいにする(탓을 돌리다) 또는 ～せいで(~때문에)와 같이 표현합니다.

▶ 失敗を恐れずに一歩踏み出してみたらどうですか。
실패를 두려워 말고 한 걸음 내딛어 보는 게 어때요?

▶ 何でもかんでも人のせいにしないで。 뭐든지 남 탓으로 돌리지마.

甘いだけの誘い文句
달기만 한 꼬시는 멘트

우리말에도 감언(甘言) 다시 말해 '달콤한 말'이라는 표현이 있듯 일본어도 甘い言葉(달콤한 말), 甘いセリフ(달콤한 대사), 甘い口づけ(달콤한 입맞춤) 등과 같은 표현을 심심찮게 사용합니다. 여기서 달콤한 건 誘い文句라고 하네요. 이것은 '상대방의 행동을 내가 원하는 방향으로 이끌기 위한 말, 구절'을 가리킵니다. 보통 연애 대상에게 뭘 하자거나 어딜 가자며 써먹는 멘트라고 보시면 될 것 같아요.

▶ 彼に言われた一生忘れられない甘いセリフとかある？
그 사람한테 들은 평생 잊을 수 없는 달콤한 대사 같은 거 있어?

▶ デートの誘い文句って案外難しいもんですよ。
데이트 신청할 때 던지는 멘트가 의외로 어려운 법이에요.

人生^{じんせい}捨^すてたもんじゃないって
인생 살 만하다고

捨^すてる는 '버리다'이지만, 捨^すてたもの ではない라는 말은 '쓸 만하다, 도움이 되지 않는다 며 단념하거나 포기할 일은 아니다'라는 뜻을 갖는 관용구예요. 구어체로는 가사에서처 럼 ものではない보다 もんじゃない의 쓰임이 더 많답니다. 뒤에 붙는 って는 앞에 나온 곡 에서 설명드렸던 것처럼, 상대의 주의를 집중시켜 애타는 마음을 호소하는 표현으로 '~라 고!, ~라니까' 정도의 느낌이에요. 가사에서는 라임을 맞출 목적으로 다양한 의미를 갖는 って가 많이 쓰이는 것 같아요.

▶ 世^よの中^{なか}まだまだ捨^すてたもんじゃないですね。 세상 아직까지 살 만하네요.

▶ また作^{つく}ればいいからもっと食^たべろって。 또 만들면 되니까 더 먹으라고!

忘^{わす}れかけていた人^{ひと}の香^{かお}りを突然^{とつぜん}思^{おも}い出^だす頃^{ころ}
잊혀져 가던 사람의 향기가 갑자기 떠오를 때쯤

忘^{わす}れかける는 忘^{わす}れる (잊어버리다, 잃어버리다)의 ます형에 かける (~하기 시작하다, ~하다 말다)라는 뜻의 동사가 붙은 형태로, '이미 반 정도는 잊어버리기 시작하다, 조금만 더 있 으면 잊어버리게 되다' 라는 의미가 돼요. 이와 같은 의미로 かける가 붙는 다른 말도 살펴 보면, 食^たべかける (먹기 시작하다, 먹다 말다), 読^よみかける (읽기 시작하다, 읽다 말다) 등이 있 습니다. かける가 워낙 다양한 의미를 갖고 있는 말이다 보니 해석하는 데 애를 먹는 경우 가 적지 않지만 문장 내에서의 쓰임을 통해 익혀 가는 게 바람직할 것 같아요.

▶ 食^たべかけのお菓子^{かし}すら捨^すてられない祖母^{そぼ}。 먹다만 과자조차 못 버리는 할머니.

▶ やりかけた仕事^{しごと}があるからもう帰^{かえ}らなくちゃ。
하다만 일이 있으니까 이제 집에 가야지.

降りつもる雪の白さをもっと素直に喜びたいよ

차곡차곡 쌓이는 하얀 눈을 좀 더 순수하게 기뻐하고 싶어

積もる(쌓이다)는 위에서 내려온 작은 것들이 차곡차곡 포개어져 한 면에 모이는 것을 가리키는 말로, ほこり(먼지), 雪(눈)와 같은 말과 자주 쓰입니다. 따라서 降り積もる는 (눈에 보이든 보이지 않든) 무언가 내리며 쌓이는 모양을 나타내는 표현이에요. 여기서는 막 내린 새하얀 눈을 연상케 만들어 주죠. 뒤에 나오는 素直는 있는 그대로의 마음, 가식이 없는 순수함을 가리키는 '솔직함'입니다. 앞 소절에 이어, 잊고 있던 당연한 것들을 새삼 떠올리며 어느 샌가 잃어버린 '나다움'을 찾고자 하는 대목으로 보이네요.

▶ 色んな感情がどんどん降り積もっていく。 여러 가지 감정이 점점 쌓여 간다.

▶ 好きな人に素直になれない女子が多いとのことです。
좋아하는 사람에게 솔직해지지 못 하는 여자들이 많다고 합니다.

あたたかな未来手にしたいよ

따스한 미래 손에 넣고 싶어

あたたかい는 '따뜻하다'라는 い형용사로, 명사를 수식할 때는 보통 기본형이 그대로 오지만 い형용사 중에는 여기서처럼 い를 탈락시키고 な를 붙여 표현하는 경우가 있어요. 大きな, やわらかな, おかしな와 같은 것들이 그렇습니다. 일반적으로 의미 차이는 크게 없지만 사물의 성질이나 상태를 좀 더 확실히 특정하고 싶은 경우이거나 관용구로 사용할 때는 구분하여 사용하기도 해요. 예를 들어 '큰 누나'라고 할 때 大きい姉는 연장자로서의 의미를 갖고 大きな姉는 실제로 몸집이 크다는 의미를 갖는다는 거죠.

▶ 彼女が手がけると小さな家も快適な空間に生まれ変わる。
그녀가 손을 보면 자그마한 집도 쾌적한 공간으로 재탄생한다.

▶ やわらかな唇大好き。 보드라운 입술 진짜 좋아.

宇多田ヒカル 우타다 히카루　**189**

STEP 03 눈과 귀로 한자 익히기

다시 Step 01로 가서 노래를 들으며 일본어 가사를 눈으로 읽어 보세요.

이 연습을 반복하면 일본어 한자와 어휘를 쉽게 익힐 수 있습니다.

STEP 04 한자 읽기와 어휘 확인

1. 다음 단어를 읽고 히라가나로 적어 보세요.

① 魔法 _____

② 苦い _____

③ 中間地点 _____

④ 収穫 _____

⑤ 誘い _____

⑥ 捨てた _____

⑦ 突然 _____

⑧ 降りつもる _____

⑨ 素直に _____

⑩ 限り _____

2. 다음 단어의 뜻을 적어 보세요.

① せつない
_____

② 淡い
_____

③ 踏み出す
_____

④ じれったい
_____

⑤ 味気ない
_____

⑥ 興味をそそる
_____

⑦ つもる
_____

⑧ 素直
_____

⑨ 手にする
_____

⑩ 限りある
_____

Unit 14

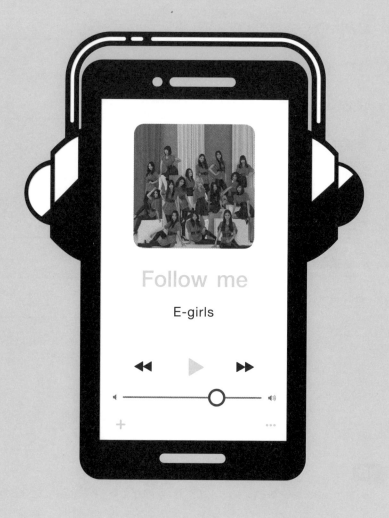

Follow me

E-girls

E-girls는 일본의 여성 댄스&보컬 그룹으로, LDH에 소속된 3개 그룹 Dream, Happiness, Flower를 중심으로 구성된 프로젝트로서 2011년에 활동을 시작하게 돼요. E-girls의 E는 일본의 메이저한 댄스그룹이자 소속사 선배인 EXILE에서 유래한 것입니다. 사실 Love, Dream, Happiness의 이니셜을 따서 만들어진 연예기획사 LDH는 EXILE의 리더 HIRO가 대표를 역임하고 있어, 그들의 여동생격으로 출범한 E-girls에 대한 관심은 데뷔 초부터 높았답니다. 2011년 데뷔 싱글 'Celebration!'을 거쳐 그 이듬해 발매한 세 번째 싱글 'Follow Me'는 이전 곡들과는 다르게 걸그룹다운 발랄한 콘셉트로 히트를 치게 됐고 노래보다는 댄스로 주목을 받는 팀이었으나 음원 부문에서 멋진 성적을 거두며 그 이후로도 독자적인 노선을 걷게 돼요. 이제는 E-girls의 상징이 되어버린 制服ダンス(교복 댄스)는 그들의 압도적인 춤 실력을 대변하는 명물이 되었답니다. 이 교복댄스라함은 발매된 CD에 붙어 있는 DVD에 수록된 퍼포먼스를 가리켜, 노래가 시작되기 전에 모두가 교복을 입고 파워풀한 춤을 선보여요. 'Follow Me'에 딸린 교복댄스도 있으니 노래와 함께 감상해 보세요.

❀ 高い ビルの 展望台 のぼって

君と ふたり(We can fly Don't you think so? Hey)

広い 空と 小さく 見える 街

ドキドキしちゃう(I don't know why my heartbeat is too fast)

❀ これから 始まってゆく

私と 君の 未来図

心 躍ること ぜんぶ

大好き

❀ Fly So High

Follow Me! Follow Me!

Follow Me! Follow Me! Baby

両手を(O—O—O—Oh) 広げて(O—O—O—Oh)

Fly So High

Lucky Me! Lucky Me! Never Be Unhappy Baby

このまま(O—O—O—Oh) 飛べそう(O—O—O—Oh)

君と 出会って はじめて 自由に なれた 気がするよ

You Just Follow Me

어휘

ビル 빌딩

のぼる 오르다, 올라가다

<ruby>未来図<rt>みらいず</rt></ruby> 미래 모습, 미래도

<ruby>両手<rt>りょうて</rt></ruby> 양손

<ruby>飛ぶ<rt>と</rt></ruby> 날다

<ruby>展望台<rt>てんぼうだい</rt></ruby> 전망대

<ruby>街<rt>まち</rt></ruby> 거리

<ruby>心躍る<rt>こころおど</rt></ruby> 가슴이 뛰다

<ruby>広げる<rt>ひろ</rt></ruby> 벌리다, 넓히다

가사 해석

높은 빌딩의 전망대에 올라서
너와 둘이서(We can fly Don't you think so? Hey)
넓은 하늘 작아 보이는 거리
두근두근 떨려(I don't know why my heartbeat is too fast)

지금부터 시작돼
나와 네 미래 모습
가슴 뛰는 일 모두
너무 좋아

Fly So High
Follow Me! Follow Me!
Follow Me! Follow Me! Baby
두 팔을(O-O-O-Oh) 벌리고(O-O-O-Oh)
Fly So High
Lucky Me! Lucky Me!
Never Be Unhappy Baby
이대로(O-O-O-Oh) 날 것 같아(O-O-O-Oh)
너와 만나고 나서야 비로소 자유로워진 느낌이야
You Just Follow Me

ひとりじゃないそう分かっているから

走り出せる(I'm not living If you're not by my side)

転びそうな瞬間心を

止めてくれる(Watchin' me over and catchin' my heart)

笑ってると気付かないの

スルーしてくアクシデント

時にちょっと曇っても

大丈夫

Fly So High

Follow Me! Follow Me!

Follow Me! Follow Me! Baby

どこまで(O–O–O–Oh) 行けるか(O–O–O–Oh)

Fly So High

Lucky Me! Lucky Me! Never Be Unhappy Baby

試して(O–O–O–Oh) みようよ(O–O–O–Oh)

強がってても本当は涙隠してる私に

You Just Follow Me

어휘

転ぶ (ころ) 넘어지다

気付く (きづ) 눈치채다, 알게 되다, 깨닫다

アクシデント 사고, 돌발상황

試す (ため) 시험하다

止める (と) 멈추게 하다, (차를) 세우다

スルーする 무시하다, 신경 쓰지 않다

曇る (くも) 흐리다, 구름이 끼다

가사 해석

혼자가 아니야 그렇게 알고 있으니까
달려 나갈 수 있어(I'm not living If you're not by my side)
넘어질 듯한 순간에 마음을
멈추게 해 줘(Watchin' me over and catchin' my heart)

웃고 있으면 잘 모르겠거든
계속 넘겨 버린 돌발사건
때로는 조금 먹구름이 껴도
괜찮아

Fly So High
Follow Me! Follow Me!
Follow Me! Follow Me! Baby
어디까지(O-O-O-Oh) 갈 수 있을 지(O-O-O-Oh)
Fly So High
Lucky Me! Lucky Me!
Never Be Unhappy Baby
시험해(O-O-O-Oh) 보자(O-O-O-Oh)
강한 척 해도 사실은 눈물을 감추고 있는 내게
You Just Follow Me

가사 보며 강의 듣기

(O—O—O—Oh)

❀ Fly So High

Follow Me! Follow Me!

Follow Me! Follow Me! Baby

りょうて　ひろ
両手を広げて

❀ Fly So High

Lucky Me! Lucky Me! Never Be Unhappy Baby

と
このまま(O—O—O—Oh) 飛べそう(O—O—O—Oh)

きみ　で あ　　　　　　　　　じゆう　　　　　き
君と出会ってはじめて自由になれた気がするよ

You Just Follow Me

❀ Follow Me! Follow Me!

Follow Me! Follow Me! Baby

Follow Me! Follow Me!

Follow Me! Follow Me! Baby

어휘

じゅう
自由になる 자유로워지다

가사
해석

(O-O-O-Oh)

Fly So High
Follow Me! Follow Me!
Follow Me! Follow Me! Baby
두 팔을 벌려서

Fly So High
Lucky Me! Lucky Me! Never Be Unhappy Baby
이대로(O-O-O-Oh) 날 것 같아(O-O-O-Oh)
너와 만나고 나서야 비로소 자유로워진 느낌이야
You Just Follow Me

Follow Me! Follow Me!
Follow Me! Follow Me! Baby
Follow Me! Follow Me!
Follow Me! Follow Me! Baby

高いビルの展望台のぼって
높은 빌딩의 전망대에 올라서

일본어는 장단음을 제대로 구분하지 않으면 의미 전달에 문제가 생길 수 있어요. 여기서
처럼 ビル이면 '빌딩'이지만 ビール라고 쓰여져 있다면 그땐 '맥주'를 가리키는 말이 되겠
죠? '~에 오르다'라는 말에는 あがる와 のぼる 두 가지가 있는데, のぼる는 산, 전망대와
같이 꼭대기가 있는 높은 곳, 경사의 경계가 불분명한 곳을 오르는 경우에 잘 쓰이고, あが
る는 계단, 방 등 상대적으로 더 낮고, 오르고 내리는 것이 확실히 구분 지어지는 경우에
잘 쓰입니다. 엘리베이터와 같은 기계를 이용하는 경우에도 쓸 수 있고요.

> とりあえずビール！　일단 맥주!
> 川をのぼって行くと、素晴らしい景色が繰り広げられていた。
> 강을 올라갔더니 근사한 경치가 펼쳐져 있었다.

両手を広げて
두 팔을 벌리고

手는 '손'이고 腕는 '팔'입니다. 그런데 '두 팔을 벌리다, 양팔을 벌리다'라고 할 때는 両手
を広げる, 両腕を広げる 모두 쓸 수 있고 전자의 사용 빈도가 좀 더 높은 것 같아요. 물론
그냥 '양손, 두 손'을 가리킬 때는 両手가 됩니다. 뒤이어 Fly So High 라는 가사가 나오
는 걸 보니, 두 팔을 벌려 날려고 하는 것 같죠? 참고로 腕는 '솜씨, 능력'을 가리키는 말로
도 자주 등장해요. 예를 들어 腕を磨く는 '팔을 닦다'라기 보다는 '솜씨를 갈고 닦다'라는
의미로 보는 게 적절하답니다.

> 両手を合わせてしゃべる姿が可愛らしい。
> 두 손을 모으고 얘기하는 모습이 깜찍하다.
> 両手を上げてバンザイ！　두 손을 들어 만세!

君と出会ってはじめて自由になれた気がするよ

너와 만나고 나서야 비로소 자유로워진 느낌이야

~てはじめては '~하고 나서야 비로소, ~한 이래로'라는 뜻을 가져요. 화자는 '너'를 만나고 나서야 비로소 자유로워진 기분을 느낀다며 높은 빌딩에서 날아 보려고 해요. 여기서 気がする는 '~한 느낌이다, ~한 기분이 들다, ~인 것 같다'라는 뜻을 가지며 그 앞에는 형용사와 동사의 보통형이 옵니다. 예를 들어 뭔가 콕콕 찌르는 것 같고 아픈 느낌이 든다면 痛い気がする라고 표현할 수 있고 입맛이 없거나 마음이 상해서 먹을 생각이 없다고 얘기할 때는 食べる気がしない라고 표현하거든요.

▶ 君に言われてはじめて気づいたの。 너가 말해 주고 나서야 눈치 챘어.

▶ 一人ぼっちになった気がして辛かったです。
   외톨이가 된 것만 같아서 괴로웠어요.

転びそうな瞬間心を止めてくれる

넘어질 듯한 순간에 마음을 멈추게 해 줘

일본어는 '주다, 받다'를 나타내는 수수동사가 세 개나 있어요. '받다'는 대상이 누구든 받으라고만 하지만 내가 남에게 혹은 남이 남에게 주는 것은 あげる, 그리고 남이 나에게 혹은 남이 내 가족에게 주는 것은 くれる라고 나눠서 표현해요. 그래서 止めてくれる는 '남이 멈추게 해 주다'라는 뜻이 되겠죠? 또한 '받다' もらう 를 써서 止めてもらう라고 해도 같은 의미가 된답니다. 만약 '멈추게 해 줘!'라고 부탁, 명령의 의미를 나타내고 싶다면 止めて！라고 표현해 주세요.

▶ 気になっていたことを隠さず話してくれました。
   신경 쓰이던 일을 숨기지 않고 얘기해 줬습니다.

▶ ここで待ってくれる？ 여기서 기다려 줄래?

スルーしてくアクシデント

계속 넘겨 버린 돌발사건

スルー는 영어 through를 가리키는 말로, '무시하다, 모른 척 넘기다, 신경 쓰지 않다'라는 뜻을 가져요. 무엇인지는 정확히 나와 있지 않지만 어떤 실수 혹은 돌발적으로 일어난 일을 スルーして(い)く(계속해서 넘겨) 버렸다고 얘기하는 부분이에요. 앞 소절에 나온 내용을 감안하면 본인이 실수를 해도 '너'가 그냥 웃고 아무 말도 하지 않아 계속 눈치 못 채고 지나가 버렸다는 얘기가 아닐까 해요. 누군가를 좋아하게 되면 행동 하나하나가 조심스럽고 혹시 실수는 하지 않았나 신경 쓰이는 법이죠. 연애 감정으로 들뜬 기분과 그래서 놓치고 있는 것들에 대한 걱정을 나타내는 부분인 것 같아요.

▶ また既読スルーされたよ。 또 읽씹 당했어. *읽씹: 문자 메시지 따위를 읽고 답장하지 않음.

▶ そんな嫌味なんてスルーしなよ。 그런 불쾌한 소리 따위 무시해 버려.

時にちょっと曇っても大丈夫

때로는 조금 먹구름이 껴도 괜찮아

曇る는 하늘이 구름이나 안개 등으로 흐려질 때도 쓰지만 슬픔이나 걱정거리 때문에 마음이나 표정 등이 굳어지고 침울할 때 쓰기도 해요. 우리도 어떤 일의 좋지 않은 상태를 가리켜 '먹구름이 끼다'라고 표현하죠. 앞 소절과 이어지는 부분으로, 신경 쓰지 않고 넘겨 버린 소소한 일에 대해 염려되는 마음을 비유적으로 나타내고 있는 대목이 아닐까 해요.

▶ 今日も空が曇ってますね。 오늘도 하늘이 흐리네요.

▶ 孫の顔が曇っている、ただそれだけで心配でしょうがない。
손주 얼굴에 먹구름이 껴 있는 것 단지 그것만으로 걱정돼 죽겠다.

試してみようよ
ため

시험해 보자

일본어는 よ, ね와 같은 종조사에 따라 전달하고자 하는 뉘앙스가 조금씩 달라집니다. 일반적으로 よ는 정보 전달을 위해 문장 끝에 붙이는 말이고, ね는 공감과 확인을 위해 문장 끝에 붙이는 말이라고 학습하게 되는데, 사실은 앞에 나오는 표현 혹은 억양에 따라 훨씬 다양한 상황에서 쓰이게 되어 많은 외국인 학습자들을 혼란에 빠뜨린답니다. よ는 정보 전달 이외에도 명령, 금지, 의뢰, 권유의 사실을 강조할 때 쓰이기 때문에 여기서처럼 試してみよう(시험해 보자)와 같은 청유형 문장 뒤에 よ가 오면 좀 더 강하게 권유하고 있다는 인상을 주게 돼요. 뭔가 조르는 듯한 느낌이라고 할까요.

▶ ねえ、どっか連れてってよ。 있잖아, 어디 데리고 가 줘.
　　　　　っ

▶ 今週末、一緒に見に行きましょうよ。 이번 주말 함께 보러 가죠.
　こんしゅうまつ　いっしょ　み　い

強がってても本当は涙隠してる私に
つよ　　　　　　　　ほんとう　　なみだかく　　　　　わたし

강한 척 해도 사실은 눈물을 감추고 있는 내게

문어체와는 다르게 구어체는 생략이 되거나 축약이 되는 말이 많습니다. 그중에서도 상태나 진행을 나타내는 ~ている의 い는 웬만해서 생략이 되기 때문에 해석이 잘 안 된다면 한 번쯤 의심해 보셔야 해요. 강한 척을 하는 상태, 다시 말해 '강한 척 해'라는 것은 強がっている예요. 그래서 '강한 척 해도'의 바른 표현은 強がっていても이지만 여기서도 い가 생략 가능하니까 強がってても라고 말하곤 한다는 거죠. 특히 노랫말처럼 음절을 따져서 작사를 해야 하는 경우에는 피할 수 없는 형태랍니다.

▶ お風呂入ってたから着信音聞こえなかったんじゃない？
　ふろ はい　　　　ちゃくしんおん き

목욕하고 있어서 벨 소리 안 들린 거 아냐?

▶ 寒いから中で待っててください。 추우니까 안에서 기다리고 있으세요.
　さむ　　なか　ま

다시 Step 01로 가서 노래를 들으며 일본어 가사를 눈으로 읽어 보세요.
이 연습을 반복하면 일본어 한자와 어휘를 쉽게 익힐 수 있습니다.

STEP 04 한자 읽기와 어휘 확인

1. 다음 단어를 읽고 히라가나로 적어 보세요.

① 展望台 _____

② 街 _____

③ 未来図 _____

④ 心躍る _____

⑤ 両手 _____

⑥ 瞬間 _____

⑦ 気付かない _____

⑧ 曇っても _____

⑨ 隠してる _____

⑩ 自由 _____

2. 다음 단어의 뜻을 적어 보세요.

① 展望台

② のぼる

③ 心躍る

④ 広げる

⑤ 転ぶ

⑥ 気付く

⑦ スルーする

⑧ 曇る

⑨ 試す

⑩ 自由になる

 정답

1. ①てんぼうだい ②まち ③みらいず ④こころおどる ⑤りょうて ⑥しゅんかん ⑦きづかない ⑧くもっても ⑨かくしてる ⑩じゆう
2. ①전망대 ②오르다, 올라가다 ③가슴 뛰다 ④벌리다, 넓히다 ⑤넘어지다 ⑥눈치 채다, 알게 되다, 깨닫다 ⑦무시하다, 신경 쓰지 않다 ⑧흐리다, 구름이 끼다 ⑨시험하다 ⑩자유로워 지다

Unit 15

ファンタジスタ☆ガール

판타지스타☆걸

The Indigo

The Indigo는 1998년에 3인조 그룹으로 결성된 일본의 혼성 음악 그룹이에요. 2000년에 싱글 'BLUE'로 데뷔를 했고 그 2년 후에는 베이스를 담당했던 리더 高木権一(다카기 켄이치)가 졸업을 하며 보컬과 작사를 담당하는 田岡美樹(다오카 미키)와 트랙메이커 및 작곡, 편곡을 담당하는 市川裕一(이치카와 유이치)로 이루어진 2인조 혼성그룹으로 개편됩니다. 2004년에는 한국, 미국, 중국 등 적극적으로 활동 범위를 넓히기 시작하며 해외에 있는 사람들에게도 이름을 알리게 돼요. 여기서 소개하는 'ファンタジスタ☆ガール(판타지스타☆걸)'은 만화 'アニマル横町(두근두근비밀 친구)'를 원작으로 한 애니메이션의 엔딩 테마로 인기를 얻게 된답니다. 이 작품은 우리나라와 공동 제작되어 2005년에 방영되었고 당시 공중파 애니메이션 중에서는 최고의 시청률을 기록했다고 해요. 또한 우리나라에서 방영할 때의 번안곡도 다오카 미키가 직접 불렀고 내한 공연에서 한국어를 쓰는 등 꾸준히 배워온 한국어 실력을 엿볼 수 있다는 점도 흥미로운 것 같아요. 보컬의 경쾌하고 다채로운 음색 덕에 싱그럽고 귀여운 인상을 주는 곡이라 만화의 이미지와 너무도 잘 어울리는 듯 합니다.

✿ キラキラの夢の世界

連れてってくれる彼女は

想像もつかない

いつもミラクルさ

✿ まるで伝説の少女ね

不思議な国のアリスね

誰もまね出来ない

イマジネーションさ

✿ 魔法の穴に落ちても

ウサギさんと踊り続けて

①

✿ ファンタジスタ☆ガール Wow Wow

ファンタジスタ☆ガール Yeah Yeah

マイペースなのはそう 自由であるがまま

ファンタジスタ☆ガール Wow Wow

ファンタジスタ☆ガール Yeah Yeah

어휘

キラキラ 반짝반짝

伝説^{てんせつ} 전설

不思議^{ふしぎ} 불가사의, 이상함

踊る^{おど} 춤추다

想像がつく^{そうぞう} 상상이 가다, 상상이 되다

少女^{しょうじょ} 소녀

まね 흉내, 따라함

マイペース 마이 페이스, 남에게 좌우되지 않고 스스로의 방법이나 템포를 바꾸지 않는 성격

가사 해석

반짝이며 빛나는 꿈의 세계로
나를 데려가 주는 그녀는
상상도 안가
언제나 미라클이야

그녀는 마치 전설의 소녀같아
이상한 나라의 앨리스처럼
아무도 흉내 낼 수 없는
이미지네이션이야

마법의 구멍에 빠져도
토끼님과 계속 춤추며

①
Fantasista Girl Wow Wow
Fantasista Girl Yeah Yeah
마이 페이스인 것은 그래 자유로이 있는 그대로
Fantasista Girl Wow Wow
Fantasista Girl Yeah Yeah

✿ 大切_{たいせつ}なのは そう 好_すきこそ上手_{じょうず}なれ

✿ ラブ&ピース花_{はな}が咲_さいて

みんな彼女_{かのじょ}のトリコね Yeah

とてもカラフルさ

そして純粋_{じゅんすい}さ

✿ 心_{こころ}のドア開_あけたいなら

君_{きみ}も金_{きん}のカギを手_てにして

✿ ファンタジスタ☆ガール Wow Wow

ファンタジスタ☆ガール Yeah Yeah

行_ゆく手_てにはスマイル一瞬_{いっしゅん}のひらめき

ファンタジスタ☆ガール Wow Wow

ファンタジスタ☆ガール Yeah Yeah

咲く (꽃이) 피다 　　　トリコ 포로

純粋 순수함 　　　　　カギ 열쇠

行く手 앞날, 앞길, 전방 　一瞬 한 순간

ひらめき 번뜩임, 번쩍임

소중한 것은 그래 좋아하는 게 곧 잘하게 되지

러브＆피스 꽃이 피고
모두 그녀의 포로네 Yeah
매우 컬러풀해
그리고 순수해

마음의 문을 열고 싶다면
너도 황금의 열쇠를 손에 쥐고

Fantasista Girl Wow Wow
Fantasista Girl Yeah Yeah
앞날엔 스마일 한순간의 번뜩임
Fantasista Girl Wow Wow
Fantasista Girl Yeah Yeah

❀ その手にはスタイル かたちあるものでしょ

❀ Yeah Let's go! Yeah Let's do it!

Let's go! Fantasystar!

Let's go! Fantasystar!

①

❀ 大切なのはそう 好きこそ上手なれ

②

❀ Fantasista Girl, Fantasista Girl

Fantasista Girl, Fantasista Girl

Let's dence Shell we rabbit dance
好きこそ上手なれ

②

かたち　형태

그 손엔 스타일 형태가 있는 거잖아

Yeah Let's go! Yeah Let's do it!
Let's go! Fantasystar!
Let's go! Fantasystar!

①
소중한 것은 그래 좋아하는 게 곧 잘하게 되지

②
Fantasista Girl, Fantasista Girl
Fantasista Girl, Fantasista Girl
Let's dence Shell we rabbit dance
좋아하는 게 곧 잘하게 되지

②

いつもミラクルさ
언제나 미라클이야

일본어 종조사 さ는 역할이 다양한데, 그중에서도 여기서는 본인의 판단이나 주장에 대해 거듭 확인하거나 다짐하는 의미로 쓰인 거예요. 나머지 가사에서 볼 수 있는 さ가 쓰인 표현 イマジネ-ションさ, とてもカラフルさ, 그리고 純粋(じゅんすい)さ는 모두 동일한 역할을 갖는다고 생각해 주세요. 또한 でもさ, それがさ(그런데 말이야, 그게 말이지), まだ通(かよ)っててさ(아직 다니고 있어서 말이야) 등 종종 대화 도중에 나오는 단어나 어절 끝에 붙이는 さ와는 다른 뜻이랍니다.

▶ 何(なん)にでもなれるさ！ 무엇이든 될 수 있어!

▶ とても素敵(すてき)な旦那(だんな)さんさ。 정말 멋진 남편분일세.

誰(だれ)もまね出来(でき)ない
아무도 흉내 낼 수 없는

まね는 어떤 사물이나 사람을 흉내 내는 것, 따라하는 것을 가리키는 말입니다. '흉내 내다'라는 동사는 まねする 또는 まねる라고 해요. '그녀'는 이상한 나라의 앨리스처럼 아무도 흉내 낼 수 없는 풍부한 상상력을 가졌다고 말하는 부분이에요. 참고로 성대모사처럼 목소리나 소리를 흉내 낼 뿐만 아니라 모양이나 상태를 따라하는 행위를 모두 モノマネ라고 칭하며 하나의 장기로 여기기도 하죠. みなさんはどんなモノマネができますか(여러분들은 어떤 걸 흉내 낼 수 있는 장기가 있나요?).

▶ ユーチューブ見(み)てまねして買(か)ってみたんだけど、失敗(しっぱい)しちゃった。
유튜브 보고 따라서 사 봤는데 실패해 버렸어.

▶ 次女(じじょ)はいつも姉(あね)のまねをしたがります。 둘째 딸은 늘 언니 흉내를 내고 싶어 합니다.

魔法の穴に落ちてもウサギさんと踊り続けて

마법의 구멍에 빠져도 토끼님과 계속 춤추며

여기서의 마법의 구멍은 동화 '이상한 나라의 앨리스'를 연상케 하는 동시에 애니메이션 '두근두근 비밀 친구'의 줄거리와 깊은 연관을 짓게 만드는 장치인 것 같아요. 그러면 토끼와 춤추는 것도 납득이 가죠. '계속~하다'라는 표현으로 '동사 ます형+続ける'가 있는데 행위가 끊기지 않고 지속적으로 일어나는 경우에 자주 쓰여요. 増える(늘다), 待つ(기다리다), 使う(사용하다), 走る(달리다) 등과 같이 지속성을 띄거나 변화를 나타내는 동사와 결합하기 쉬운 반면 심리 상태나 감정을 나타내는 동사 중 그 상태가 일시적인 경향이 짙은 飽きる(싫증나다), がっかりする(실망하다)와 같은 것과는 결합할 가능성이 적습니다.

▶ 映画が終わってからも泣き続けた。 영화가 끝나고 나서도 계속 울었다.

▶ パワハラに悩み続けたあげく仕事を辞めることにしました。
　직장 내 괴롭힘으로 오랜 고민 끝에 일을 관두기로 했습니다.

マイペースなのはそう 自由であるがまま

마이 페이스인 것은 그래 자유로이 있는 그대로

일본에서는 성격을 나타내는 말로 マイペース라는 표현을 즐겨 사용해요. 남에게 좌우되지 않고 스스로의 방법이나 템포를 바꾸지 않는 자세를 가리키는 말이죠. 본인만의 확고한 가치를 가지고 행동하기 때문에 개성적인 모습이 다소 남들과 어울리지 못하는 듯한 인상을 줄 수 있지만 이기적인 것과는 구분돼요. あるがまま는 '있는 그대로, 그 상태 그대로'를 가리키는 말로, 自由であるがまま는 '자유롭게 있는 그대로'라는 뜻이 된답니다.

▶ マイペースに生きてみません？ 본인의 페이스를 잃지 않고 살아보지 않겠어요?

▶ 自分らしさを大切にしてあるがままに生きてみよう。
　나다움을 소중히 여기고 있는 그대로 살아 보자.

大切なのはそう 好きこそ上手なれ

소중한 것은 그래 좋아하는 게 곧 잘하게 되지

일본 속담으로 好きこそ物の上手なれ라는 말이 있습니다. 누구나 좋아하는 것은 열심히 하게 되고 시간을 투자하며 연구하는 과정에서 자연스레 발전하게 된다는 것을 가리키는 표현이에요. 가사에서는 物를 생략하고 쓰였네요. 여기서 上手なれ의 なれ는 なる의 명령형 '되어라'가 아닌 고어의 형태로, こそ로 시작하는 문장의 마무리를 담당하는 역할을 하며 단정의 의미를 갖는 なり의 이연형(已然形)이에요. 현대어로 바꾼다면 ~だ(~이다)가 될 것 같네요.

▶ 風こそ強けれ。 바람이 강하다.

▶ 雪こそ降りけれ。 눈이 내리다.

みんな彼女のトリコね Yeah

모두 그녀의 포로네Yeah

虜는 '포로'라는 말이에요. 일반적으로 '사로잡은 적'을 가리키지만, 우리도 '사랑의 포로'와 같이 어떤 사람이나 일에 마음이 쏠리거나 매여 꼼짝 못 하는 상태를 비유적으로 나타내고는 하잖아요. 여기서도 그렇게 쓰인 것이랍니다. 보통 가사에서는 곡의 내용이나 분위기에 따라 한자가 있어도 히라가나나 가타카나로 표기하는 경우가 많지만 평소에는 한자를 쓰니까 글자가 어렵다면 이렇게 외워 보면 어떨까요? 유래는 다르다고 하지만 虎(호랑이)에게 男(남자)가 '포로'로 잡혀서 虜.

▶ 一口で虜になっちゃう旨さ！ 한입만 먹어도 포로가 돼 버리는 맛!

▶ みんなをトリコにする愛されキャラってうらやましい。
모두를 포로로 만드는 사랑 받는 캐릭터가 부러워.

行く手にはスマイル
앞날엔 스마일

行く手는 '나아가는 방향, 행선지, 장래'라는 뜻을 갖는 단어예요. いくて라고도 읽을 수
있고요. 다만 行き先 (행선지)와는 다르게 목적지나 도달 지점을 특정하는 것이 아니고 막
연한 '전방'을 가리킨다고 생각해 주세요. 황금 열쇠를 가지고 마음의 문을 열고 나면 끝내
는 미소를 짓게 될 미래가 기다린다는 점을 암시하는 부분인 것 같아요.

▶ 自分たちの行く手にどんなことが待ち受けているのだろう。
본인들의 앞날에는 어떤 일이 기다리고 있을까.

▶ 山が行く手を遮ってて通れないんです。 산이 앞길을 가로막고 있어서 못 지나가요.

一瞬のひらめき
한순간의 번뜩임

ひらめく는 '아이디어 등이 번뜩이다, 순간 날카롭게 번쩍이다'와 같은 의미로 쓰이는 동
사이고 ひらめき는 같은 의미를 갖는 명사예요. 번쩍인다는 뜻으로 쓰일 때는 비슷한 단어
에 きらめく가 있답니다. 보통 一瞬のひらめき라고 하면 아이디어나 날카로운 지혜 등 놀
라운 깨달음이 있었을 때 사용하는 표현이에요.

▶ ひらめいた時の感動がものすごい。 번뜩였을 때의 감동이 굉장하다.

▶ クリエイターやアーティストにはひらめきが大事なんでしょうね。
크리에이터나 아티스트에게는 번뜩임이 중요한 거겠죠.

STEP 03 눈과 귀로 한자 익히기

다시 Step 01로 가서 노래를 들으며 일본어 가사를 눈으로 읽어 보세요.
이 연습을 반복하면 일본어 한자와 어휘를 쉽게 익힐 수 있습니다.

STEP 04 한자 읽기와 어휘 확인

1. 다음 단어를 읽고 히라가나로 적어 보세요.

① 連れて

_____

② 伝説

_____

③ 不思議

_____

④ 少女

_____

⑤ 魔法

_____

⑥ 踊り

_____

⑦ 穴

_____

⑧ 純粋

_____

⑨ 続けて

_____

⑩ 一瞬

_____

2. 다음 단어의 뜻을 적어 보세요.

① 連れていく

_____

② 想像がつく

_____

③ 伝説

_____

④ 不思議

_____

⑤ まね

_____

⑥ とりこ

_____

⑦ 純粋

_____

⑧ 手にする

_____

⑨ 行く手

_____

⑩ ひらめき

_____

 정답

1. ❶つれて ❷でんせつ ❸ふしぎ ❹しょうじょ ❺まほう ❻おどり ❼あな ❽じゅんすい ❾つづけて ❿いっしゅん
2. ❶데리고 가다 ❷상상이 가다, 상상이 되다 ❸전설 ❹불가사의, 이상함 ❺흉내, 따라함 ❻포로 ❼순수함 ❽손에 쥐다, 손에 넣다 ❾앞날, 앞길, 전방 ❿번뜩임, 번쩍임

Unit 16

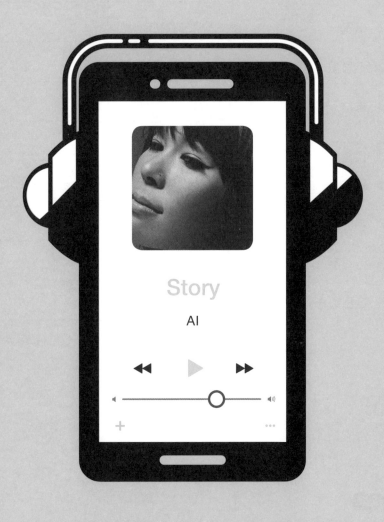

Story

AI

AI는 일본의 대표적 R&B 가수이자 싱어송라이터입니다. 미국 LA에서 태어나 어렸을 때는 가고시마(鹿児島)에서 살다가 중학교를 졸업한 뒤 다시 미국으로 건너가 LA에 있는 명문 퍼포밍 아트 스쿨에 진학하여 가수로서의 전문성을 갖추게 돼요. 졸업 후 바로 귀국하고는 2000년에 싱글 'Cry, just Cry'를 발매하며 데뷔를 하게 된답니다. 뛰어난 가창력과 중저음의 허스키한 목소리는 물론이고 개성적인 외모가 그녀를 더욱 돋보이게 하는데, 외할머니가 이탈리아 계통 미국인이기 때문에 AI는 쿼터(1/4를 가리키는 이 말은 조부모 중 한 사람이 외국인으로, 혼혈이 되는 사람을 가리키는 명칭)로 알려져 있어요. 'Story'는 2005년에 발매된 12번째 싱글로, AI가 직접 작사를 했다고 해요. 오리콘 차트에 73주 동안이나 등장하며 큰 히트를 친 이 곡은 2014년에 공개된 애니메이션 영화 '빅 히어로6'의 일본판 엔딩 테마로 영어 버전의 가사가 사용되기도 했답니다. 이 곡에는 '오늘 이 순간을 소중하게 여기지 않으면 하고 싶은 말을 전하지 못하는 날이 올 수도 있다'라는 메시지가 담겨 있어, 듣는 사람을 울리게 할 정도의 강한 감동을 느끼게 하는 것으로도 유명해요.

✿ 限られた時の中で
どれだけのコトが出来るのだろう…
言葉にならないほどの想いを
どれだけアナタに伝えられるだろう…

✿ ずっと閉じ込めてた
胸の痛みを消してくれた
今私が笑えるのは
一緒に泣いてくれたキミがいたから

✿ 一人じゃないから
キミが私を守るから
強くなれるもう何も恐くないヨ…
時がなだめてく
痛みと共に流れてく
日の光がやさしく照らしてくれる

✿ 説明する言葉も
ムリして笑うコトもしなくていいから
何かあるならいつでも頼ってほしい
疲れたときは肩をかすから

限る (かぎる) 제한하다, 한정하다

閉じ込める (とじこめる) 가두다, 감금하다

守る (まもる) 지키다

なだめる 달래다

流れる (ながれる) 흐르다

想い (おもい) 감정이나 이미지가 주된 생각, 마음

痛み (いたみ) 아픔, 통증

恐い (こわい) 무섭다

共に (ともに) 함께

照らす (てらす) 빛을 비추다

가사 해석

제한된 시간 속에서
어느 정도의 일을 할 수 있을까…
말로 표현 못할 정도의 이 마음을
얼마나 당신에게 전할 수 있을까…

계속 가두고 있던
가슴 속 아픔을 지워 줬어
지금 내가 웃을 수 있는 건
함께 울어 준 네가 있었으니까

혼자가 아니니까
네가 날 지켜 주니까
강해질 수 있어 이제 아무 것도 무섭지 않아…
시간이 달래 주고
아픔이 함께 흘러가고
햇빛이 부드럽게 비춰 주는 걸

설명하지도 않고
무리해서 웃지 않아도 되니까
무슨 일 있으면 언제든 기대줬음 해
지쳤을 땐 어깨를 빌려줄 테니까

❀ どんなに強がっても
ため息くらいする時もある
孤独じゃ重い扉も
共に立ち上がればまた動き始める

①

❀ 一人じゃないから
私がキミを守るから
あなたの笑う顔が見たいと思うから
時がなだめてく
痛みと共に流れてく
日の光がやさしく照らしてくれる

❀ 時に人は傷付き、傷付けながら
染まる色はそれぞれ違うケド
自分だけのStory
作りながら生きてくの
だからずっと、ずっと
あきらめないで…

①

<ruby>頼<rt>たよ</rt></ruby>る 의지하다, 기대다	<ruby>疲<rt>つか</rt></ruby>れる 지치다, 피곤하다
<ruby>肩<rt>かた</rt></ruby> 어깨	ため<ruby>息<rt>いき</rt></ruby> 한숨
<ruby>孤独<rt>こ どく</rt></ruby> 고독	<ruby>扉<rt>とびら</rt></ruby> 문
<ruby>立ち上<rt>た あ</rt></ruby>がる 일어서다	<ruby>傷付<rt>きず つ</rt></ruby>く 상처받다, 흠집이 나다
<ruby>染<rt>そ</rt></ruby>まる 물들다	それぞれ 각각
あきらめる 포기하다	

아무리 강한 척 해도
한숨 정도 쉴 때도 있지
혼자서는 못 움직이는 무거운 문도
함께 일어서면 다시 움직이기 시작할 거야

①
혼자가 아니니까
내가 널 지킬 테니까
당신의 웃는 얼굴이 보고 싶으니까
시간이 달래 주고
아픔과 함께 흘러가고
햇빛이 부드럽게 비춰 주는 걸

때론 사람은 상처 받고 상처 주면서
물드는 색은 각자 다르지만
본인만의 Story
만들면서 살아가는 거야
그러니까 계속 계속
포기하지 말아 줘…

①

どれだけのコトが出来るのだろう

어느 정도의 일을 할 수 있을까

추측 표현으로 알려진 ~だろう는 '~일 것이다, ~이겠지'라는 의미로 쓰이며 ~でしょう
의 반말체입니다. 그리고 の가 앞에 붙어 ~のだろう라고 말하는 경우에는 의미가 다소 한
정되는데, 어미를 올려 읽는다면 상대에게 확인하는 의도로 쓰여 '~인 거지?'란 뜻을 가지
는 반면 내려 읽는다면 이유나 원인을 추측하는 의도로 쓰여 '~이겠지'라는 뜻을 가져요.
그런데 여기서처럼 의문사가 앞에 나올 때는 ~のだろう가 쓰이며 '~일까'라는 의미가 된
답니다. 보통 편하게 대화를 나눌 때는 の 대신 ん을 사용해 ~んだろう라고 표현하고는 해요.

▶ あいつとはもう終わったんだろう？　그 녀석이랑은 이제 끝난 거잖아?

▶ いつ頃帰って来るのだろう。 언제쯤 돌아올까.

ずっと閉じ込めてた

계속 가두고 있던

閉じ込める는 문 등을 닫아 두고 나오지 못하게 하는 상태로, '가두다, 감금하다'라는 뜻을
가져요. 여기서는 가슴 속 아픔을 가둬 두었던 모양이에요. 閉じ込めてた(가두고 있었다)
라는 표현을 보면 일정 기간 그런 상태가 지속된 것을 알 수 있네요. 만약 누군가로 인해 혹
은 나도 모르게 갇힌 상태가 되었다면 閉じ込められる라고 표현할 수 있답니다.

▶ 大好きな人の香りを瓶に閉じ込めておきたい。
정말 좋아하는 사람의 향기를 병에 가둬 두고 싶다.

▶ トイレのカギが壊れて閉じ込められてしまいました。
화장실 문고리가 고장 나서 갇혀 버렸어요.

胸の痛みを消してくれた

가슴 속 아픔을 지워 줬어

痛み는 '아픔, 통증'이라는 뜻으로, 喉の痛み(목 아픔), 腰の痛み(허리 통증)와 같이 아픈 증상이 느껴지는 부위에 모두 붙일 수 있는 말입니다. 그런데 胸の痛み라고 하면 가슴의 통증을 호소할 때뿐만 아니라 여기서처럼 가슴 아픈 기억을 가리키기도 합니다. 참고로 '진통제'는 鎮痛剤라고도 하지만 痛み止め라는 표현을 즐겨 써요. 또한 消す는 '지우다'라는 뜻도 있지만 '끄다'라는 뜻도 가지고 있어, 字を消す(글자를 지우다),電気を消す(불을 끄다)와 같은 일상적인 표현에 자주 등장하니 알아 두는 편이 좋겠죠?

▶ 1日経っても歯の痛みが治らなくて、結局歯医者に連絡したんだけど。

하루 지나도 이의 통증이 가라앉지 않아서 결국 치과에 연락을 했는데.

▶ インスタのアカウント消してからはスマホをいじる時間が減りました。

인스타 계정을 지우고 나서는 스마트폰을 만지는 시간이 줄었어요.

時がなだめてく

시간이 달래 주고

'~할 때, ~일 때'로 잘 알려진 時는 '일방적 또는 연속적으로 흐르는 시간, 어떤 시기'를 가리키는 말로도 쓰여요. 時が来た(때가 됐다), 時が流れる(시간이 흐르다)처럼 말이죠. なだめる는 '분노나 불만을 진정시키다'라는 뜻으로, 만약 어린 아이를 달래는 경우로 한정시킨다면 あやす라는 말을 쓰기도 해요. 다만, 위로한다는 의미에서의 '달래다'는 慰める라고 표현하는 편이 적절해요. なだめてく는 なだめていく의 い가 생략된 형태로, 달래 준다는 행위가 지속되는 것을 나타내는 것이라고 생각해 주세요.

▶ 時が解決してくれるよ。 시간이 해결해 줄거야.

▶ なだめるのが上手い人っていますよね。 달래 주는 게 능숙한 사람이 있죠.

疲れたときは肩をかすから
지쳤을 땐 어깨를 빌려줄 테니까

우리도 위로나 도움이 필요한 사람에게 '어깨를 빌려주다'라는 표현을 하듯이 일본어에서도 肩を貸す라는 말이 있습니다. 물론 실제로 어깨에 기대는 물리적인 의미도 갖고 있고요. 이 곡 앞부분에서 '너' 덕분에 가슴 속 아픔을 지우고 웃을 수 있게 됐다며 감사한 마음을 표했는데 이제는 본인이 어깨를 빌려줄 테니까 기대라고 하죠. 이 소절부터 '너'를 지키며 함께 나아가고자 하는 화자의 강해진 모습이 두드러져요. 만약 어깨를 빌리고 싶다면 뭐라고 할까요? 그때는 바로 앞에서 배운 표현을 활용하여 肩を貸してほしい(어깨를 빌려줬으면 좋겠어)라고 하면 됩니다.

▶ 眠いからちょっと肩貸して。 졸리니까 어깨 좀 빌려줘.

孤独じゃ重い扉も
혼자서는 못 움직이는 무거운 문도

이 소절도 노래라는 특성 탓에 작사하는 과정에서 생략된 표현이 많은 것 같은데 아마 孤独では(一人では) 動けない重い扉も(고독해서는(혼자서는) 움직이지 못하는 무거운 문도) 함께라면 문제없다는 것을 전하고 싶었던 것 같아요. 여기서 孤独じゃ의 じゃ는 では의 축약형으로 '~해서는, ~여서는'이라는 뜻을 가져요. 뒤에는 보통 부정형인 ない가 오고요. 따라서 '혼자서는 할 수 없다'라는 것을 一人じゃできない라고 표현할 수 있답니다.

▶ これじゃ朝まで出来上がらないかも。 이렇게 해서는 아침까지 완성 못 할 수도.

▶ それ言っちゃ終わりだよ。 그렇게 말하면 안 되지.

共に立ち上がればまた動き始める

함께 일어서면 다시 움직이기 시작할 거야

立つ가 '서다'이고 起きる가 '(잠에서, 침대에서) 일어나다'이고 立ち上がる는 '의자나 바닥에서 일어서다' 또는 '기운이 없던 자가 힘을 되찾다, 큰 맘 먹고 실행으로 옮기다'라는 뜻으로 쓰여요. 지치고 한숨 쉬는 일이 있더라도 함께 힘을 내서 문을 움직여 보자는 얘기겠죠. 또한 動き始める, 動き出す 모두 '움직이기 시작하다'라는 의미로 통한답니다.

▶ 急に立ち上がるとくらくらします。 갑자기 일어서면 어질어질해요.

▶ ついに船が動き始めました！ 드디어 배가 움직이기 시작했어요!

時に人は傷付き、傷付けながら

때론 사람은 상처 받고 상처 주면서

時には '때때로, 때로는, 가끔, 어쩌다, 어떤 때는' 등과 같은 의미의 부사로 쓰이며 時にはラ고도 표현해요. 傷が付く는 '상처를 받다, 흠집이 생기다'라고 해서 속된 말로 '기스가나다'라는 말의 어원이기도 하죠. 반면 傷を付ける는 '상처를 주다, 흠집이 나게 만들다'라는 뜻입니다. 상처를 주고 받는 삶 속에서도 각자의 이야기를 펼치며 살아가면 되니까포기하지 말고 앞으로 나아가자는 메시지를 보내는 소절이네요. 참고로 付く와 付ける는각각 자동사와 타동사이고 가사에서는 조사가 생략된 형태로 쓰였답니다.

▶ 時には厳しく叱ります。 때로는 엄하게 야단칩니다.

▶ 傷付いた分だけ優しくなればいいんだよ。 상처 받은 만큼 상냥해지면 되는거야.

눈과 귀로 한자 익히기

다시 Step 01로 가서 노래를 들으며 일본어 가사를 눈으로 읽어 보세요.
이 연습을 반복하면 일본어 한자와 어휘를 쉽게 익힐 수 있습니다.

한자 읽기와 어휘 확인

1. 다음 단어를 읽고 히라가나로 적어 보세요.

① 限られた

_____

② 閉じ込めて

_____

③ 痛み

_____

④ 恐くない

_____

⑤ 照らして

_____

⑥ 頼って

_____

⑦ 扉

_____

⑧ 共に

_____

⑨ 傷付き

_____

⑩ 染まる

_____

2. 다음 단어의 뜻을 적어 보세요.

① 限られる

_____

② 閉じ込める

_____

③ 痛み

_____

④ なだめる

_____

⑤ 肩をかす

_____

⑥ ため息

_____

⑦ 孤独

_____

⑧ 立ち上がる

_____

⑨ 傷付く

_____

⑩ それぞれ

_____

정답

1. ① かぎられた ② とじこめて ③ いたみ ④ こわくない ⑤ てらして ⑥ たよって ⑦ とびら ⑧ ともに ⑨ きずつき ⑩ そまる

2. ① 한정되다, 제한되다 ② 가두다, 감금하다 ③ 통증, 아픔 ④ 달래다 ⑤ 어깨를 빌려주다 ⑥ 한숨 ⑦ 고독 ⑧ 일어서다 ⑨ 상처 입다, 흠집이 나다 ⑩ 각각

Unit 17

長_{なが}い 間_{あいだ} 오랫동안

Kiroro

Kiroro는 1995년에 결성된 오키나와 출신의 2인조 음악 그룹이에요. 두 사람은 고등학교 동창으로, 방과 후에 음악실에서 玉城千春(다마시로 치하루)의 노래에 맞춰 金城綾乃(긴조 아야노)가 반주를 하며 놀게 된 것이 가수 활동을 하게 된 계기였다고 하네요. 그후 대학 재학 중에 인디즈로 데뷔했고 1998년, 싱글 '長い間(오랫동안)'를 발표하며 메이저 데뷔를 합니다. Kiroro라는 팀명은 아이누어로 '인간이 발을 들여놓은 넓은 길'을 뜻하는 'kiroru'와 '강하다, 건강하다, 크다'를 뜻하는 'kiroro-an'에서 유래되었다고 해요. 데뷔곡 '長い間'는 오리콘차트에서 1위를 차지한 이후에도 롱런을 하며 6개월 만에 누적 판매 140만 장을 기록하게 됩니다. 이 곡은 Kiroro의 지인이었던 한 남성의 이야기를 담아낸 것인데, 오래 만난 두 연인의 심정을 남자의 시선과 여자의 시선으로 나눠 그린 부분이 인상적이에요. 결혼을 기다리게 만든 남자와 아무 말없이 기다리던 여자의 심정이 각각 어떤지 상상하며 감상해 보세요. 투명하고 깨끗한 목소리가 마음을 편하게 해 주는 것 같아요.

❀ 長い間待たせてごめん
また急に仕事が入った
いつも一緒にいられなくて
淋しい思いをさせたね

❀ 逢えないとき受話器からきこえる
君の声がかすれてる
久しぶりに逢った時の
君の笑顔が胸をさらっていく

①
❀ 気づいたの あなたがこんなに 胸の中にいること
愛してる まさかね そんなこと言えない

❀ あなたのその言葉だけを信じて
今日まで待っていた私
笑顔だけは忘れないように
あなたの側にいたいから

②
❀ 笑ってるあなたの側では素直になれるの
愛してる でもまさかね そんなこと言えない

① / ② / ① / ②

어휘

長い 間 (なが あいだ) 오랫동안

仕事が入る (しごと はい) 일이 들어오다

逢う (あ) 만나다

きこえる 들리다

久しぶり (ひさ) 오랜만

さらう 휩쓸다, 독차지하다

まさか 설마, 아무리, 도저히

信じる (しん) 믿다, 신뢰하다

素直 (すなお) 솔직함, 순수함

急に (きゅう) 갑자기

淋しい (さび) 쓸쓸하다, 외롭다

受話器 (じゅわき) 수화기

かすれる (목이) 쉬다

笑顔 (えがお) 미소, 웃는 얼굴

気づく (き) 눈치채다, 깨닫다, 알게 되다

言葉 (ことば) 말

側 (そば) 곁

오랫동안 기다리게 해서 미안
또 갑자기 일이 들어왔어
늘 함께 있지 못해서
외롭게 만들었지

만날 수 없을 때 수화기에서 들려오는
네 목소리가 잠겨 있어
오랜만에 만났을 때의
네 미소가 가슴을 휩쓸고 가

①
알게 됐어 당신이 이렇게나
가슴 속에 있다는 걸
사랑해 도저히 그런 말 못해

당신의 그 말만을 믿고
오늘까지 기다리고 있던 나
미소만은 잊지 않도록
당신의 곁에 있고 싶으니까

②
웃고 있는 당신 곁에서는
솔직해질 수 있어
사랑해 그렇지만 도저히
그런 말 못해

① / ② / ① / ②

長い間待たせてごめん
오랫동안 기다리게 해서 미안

待たせる는 待つ(기다리다)의 사역형으로 '기다리게 하다'라는 뜻이죠. 식당에서 주문할 때 종업원이 메뉴를 테이블로 들고 오며 お待たせしました라고 하는데, 이것은 '기다리게 했다' 다시 말해 '오래 기다리셨습니다'라는 의미예요. 마찬가지로 약속 장소에 먼저 와서 기다리고 있는 지인에게 '많이 기다렸지?'라는 느낌으로 인사를 건넬 때 お待たせ라고 할 수 있어요. 또한 '미안해'라고 사과할 때 ごめんね가 가장 부드러운 어투인데 남자들은 좀 더 감정이 절제된 듯한 표현을 선호하여 ごめん, ごめんな, 悪い, すまん과 같이 표현하는 경우가 많아요. 내용상 앞부분이 남자의 시선으로 쓰여진 가사인 것 같죠.

▶ 1時間も待たせてごめんなさい。 1시간이나 기다리게 해서 미안해요.

▶ 昨日は俺が悪かったよ。 어제는 내가 잘못했어.

また急に仕事が入った
또 갑자기 일이 들어왔어

우리도 업무가 생겼을 때 '일이 들어오다'라고 표현하듯 일본어도 仕事が入る라고 말해요. '예약이 들어오다'라고 할 때도 予約が入る라고 말하며 반대로 예약을 하는 경우에는 予約を入れる라고 합니다. 또 '일정이 생기다'라고 할 때도 予定が入る라고 표현하는 것을 보면 入る라는 동사가 어떤 상황에서 쓰이는지 감이 잡히시나요? 여기까지 두 소절을 보니 남자가 처한 상황을 잘 알 수 있을 것 같네요.

▶ 週末は予定が入ってるから会えないと思う。
주말은 일정이 있으니까 못 만날 것 같아.

▶ 立て続けに用事が入るとさすがにしんどい。
연달아 일이 생기면 아무래도 힘들어.

淋しい思いをさせたね
외롭게 만들었지

상대로 하여금 어떤 감정을 느끼게 만든 경우에 ~思いをさせる라는 표현을 씁니다. ～思いをする(~한 감정을 느끼다)의 사역형이죠. 보통 앞에는 형용사가 오고 접속 방법은 명사를 수식할 때와 같아요. 슬픈 감정을 느끼게 만들었다면 悲しい思いをさせる라고 표현하고 불쾌한 기분을 느끼게 만들었다면 不快な思いをさせる라고 말할 수 있어요. 이건 순간적인 감정이나 기분을 나타낼 때보다 어떤 사건, 계기가 될 만한 일로 인해 일반적으로 누구나 느낄만한 감정을 갖거나 갖게 했을 때 사용하는 표현이에요. 따라서 淋しい思いをさせた라는 것은 외로움을 느낄 만한 여러 일이 있었고 그로 인해 결국 외로운 기억을 만들게 되었다는 뜻이 되겠죠.

- そりゃ嫌な思いをする日もあるさ。 그야 기분이 상하는 날도 있지.

- 先日は楽しい思いをさせていただいて、ありがとうございます。
  요전날에는 즐겁게 해 주셔서 감사합니다.

逢えないとき受話器からきこえる
만날 수 없을 때 수화기에서 들려오는

1998년에 나온 노래라 역시나 受話器(수화기)가 등장하네요. 지금처럼 누구나 휴대전화를 가지고 있던 시절도 아니었고 연락은 보통 집 전화를 통해서만 가능했기 때문에 만나지도 못하는 시기에 하루에 한 번 들을까 말까 하는 목소리가 얼마나 애절하게 느껴졌을까요. 일상적인 만남을 의미하는 会う가 아닌 보고 싶은 감정이 좀 더 강할 때 등 깊은 마음을 나타내는 逢う로 표기한 것도 이와 연관이 있을 듯 하네요.

- 逢いたくてどうしようもないの。 보고 싶어서 어쩌지를 못 하겠어.

君の声がかすれてる
네 목소리가 잠겨 있어

字がかすれる는 '잉크가 잘 안 나와서 글자가 제대로 안 써지다'이고, 声がかすれる는 '(목소리가) 잠기다, 쉬다'라는 뜻이에요. 비슷한 단어로 かれる가 있습니다. 일 때문에 바빠서 만나지 못하고 전화로만 안부를 주고 받는 상황에서 상대방의 목소리가 잠겨 있으면 당연히 신경 쓰일 수밖에 없겠죠? 서운하다거나 외롭다는 감정을 말로 전하는 것보다 더 많은 것을 담은 듯한 표현이 아닌가 싶네요.

▶ 喉がかれて声が出なくなっちゃった。 목이 쉬어서 목소리가 안 나오게 돼 버렸어.

▶ インクがかすれて読めないんですけど。 잉크가 잘 안 나와서 못 읽겠는데요.

君の笑顔が胸をさらっていく
네 미소가 가슴을 휩쓸고가

さらう는 '낚아채다'라는 뜻도 있지만 '휩쓸다, 독차지하다'라는 뜻으로도 쓰이기 때문에 여기서 말하는 胸をさらっていく는 '가슴을 휩쓸고 가다' 다시 말해 오랜만에 만난 날의 그녀의 미소가 잊혀지지 않을 정도로 가슴속을 가득 메운다는 얘기겠죠. 평소에 바빠서 자주 보지도 못하고 미안한 마음만 가득한 그에게 웃는 얼굴로 답하는 그녀. 그 마음이 예뻐서 여운이 더 남는 게 아닐까요. 참고로 '휩쓸다'라는 말은 優勝をさらう(우승을 휩쓸다)와 같이 한국어와 쓰임이 비슷하답니다.

▶ 世界中で話題をさらっている選手を紹介します！
전 세계에서 화제를 독차지하고 있는 선수를 소개할게요!

▶ 彼は子供たちの人気をさらって行った。 그는 아이들의 인기를 휩쓸고 갔다.

愛してるまさかねそんなこと言えない

사랑해 도저히 그런말 못해

'사랑하다'라는 기본형은 愛する이고 '사랑해'라는 감정 표현은 상태 동사 愛している가 되죠. 물론 여기서도 い는 생략이 가능하고요. まさか라는 것은 '설마, 아무리, 도저히'라는 부사로, 뒤에는 보통 반어가 나와요. まさか来るとは思わなかった (설마 올 줄 몰랐다)라든지 一緒に行きたいってまさか言えない (같이 가고 싶다고 도저히 말 못 한다)처럼 쓰이는데, 가사는 후자와 같은 맥락의 말인 것 같아요. 그녀가 사랑한다는 말을 할 수 없는 것은 그마저도 그에게 부담이 될까봐 혹은 여태껏 참아 왔던 감정이 쏟아져 나올까 봐 속으로 삼키기 때문이 아닐까요.

▶ 愛してる人にだけ見せる顔があると思う。
  사랑하는 사람에게만 보여 주는 얼굴이 있다고 생각해.

▶ まさかそんなことだったなんて…。 설마 그런 일이었다니….

笑顔だけは忘れないように

미소만은 잊지 않도록

그의 말만을 믿고 기다려 왔다는 그녀가 할 수 있는 최선은 밝은 모습으로 있는 것. 여기서 忘れないように (잊지 않도록)에서 ように는 동사의 기본형 뒤에 붙어 의지를 가지고 어떤 행위를 할 때 사용하는 표현이에요. 보통 ~ようにする (~하도록 하다)의 형태를 띄기 때문에 이 가사에서도 する가 생략된 것이라고 볼 수 있어요. 부정형은 ~ないようにする (~하지 않도록 하다)입니다. ~ようになる라는 표현도 있는데 이것은 '~하게 되다'라는 뜻을 가지며 なる가 생략되는 경우는 잘 없어요.

▶ みんな明日は7時に集合するように！ 다들 내일은 7시에 집합하도록!

▶ 間違えないようにお願いします。 틀리지 않도록 부탁드립니다.

STEP 03 눈과 귀로 한자 익히기

다시 Step 01로 가서 노래를 들으며 일본어 가사를 눈으로 읽어 보세요.
이 연습을 반복하면 일본어 한자와 어휘를 쉽게 익힐 수 있습니다.

STEP 04 한자 읽기와 어휘 확인

1. 다음 단어를 읽고 히라가나로 적어 보세요.

① 待たせて

_____

② 淋しい

_____

③ 逢えない

_____

④ 笑顔

_____

⑤ 言葉

_____

⑥ 受話器

_____

⑦ 胸

_____

⑧ 側

_____

⑨ 笑ってる

_____

⑩ 素直

_____

2. 다음 단어의 뜻을 적어 보세요.

① 待たせる

_____

② 急に

_____

③ 淋しい思いをする

_____

④ 逢う

_____

⑤ 声がかすれる

_____

⑥ 笑顔

_____

⑦ さらう

_____

⑧ 信じる

_____

⑨ まさか

_____

⑩ 愛してる

_____

 정답

1. ①またせて ②さびしい ③あえない ④えがお ⑤ことば ⑥じゅわき ⑦むね ⑧そば
⑨わらってる ⑩すなお
2. ①기다리게 하다 ②갑자기 ③외롭게 만들다 ④만나다 ⑤목소리가 잠기다, 쉬다 ⑥미소
⑦휩쓸다, 독차지하다 ⑧믿다, 신뢰하다 ⑨설마, 아무리, 도저히 ⑩사랑해

Unit 18

Best Friend

西野カナ 니시노 카나

니시노 카나는 2008년 싱글 'I'로 메이저 데뷔한 일본의 싱어 송라이터예요. 어렸을 때부터 해외 생활에 흥미를 가졌던 그녀는 괌과 LA에서 홈스테이를 한 경험도 있고 힙합과 R&B 등의 영향을 받으며 데뷔한 이후에 작사하게 된 앨범에는 영문 가사가 듬뿍 쓰이고는 했어요. 데뷔 전 민요 등으로 가창력을 다져온 카나는 2005년, 소니뮤직이 주최한 여배우 오디션에 참가했고 4만 명이 응모한 가운데 노래 실력을 인정 받으며 본격적으로 가수를 준비하게 됩니다. 2009년에는 벨소리 등을 중심으로 큰 히트를 치며 인기를 얻게 되었고 노래 가사뿐 아니라 패션까지도 젊은 여성들의 지지를 얻으며 2010년에는 10~20대 여성들 사이에서 그녀가 쓰고 나온 캉캉모자까지 유행했다고 해요. 'Best Friend'는 2010년에 발매한 9번째 싱글로, 그녀의 친구와 음악 관계자들을 향해 노래한 곡입니다. NTT도코모의 'ガンバレ受験生(힘내라 수험생)' 캠페인송으로도 유명한 이 곡은 한국 팬들이 카나에 입문하게 되는 대표곡이기도 하다네요. 연애사를 다룬 곡들은 여성들이 공감할 만한 가사와 동화같은 분위기로 잘 알려져 있는데 우정을 다룬 'Best Friend'에서는 어떤 이야기를 하고 있을지 귀 기울여 들어 보세요.

가사 보며 강의 듣기

①

❀ ありがとう

君がいてくれて本当よかったよ

どんな時だっていつも

笑っていられる

例えば、離れていても何年経っても

ずっと変わらないでしょ

私たちBest Friend

好きだよ、大好きだよ

❀ こんな遅い時間にゴメンね

一人じゃせっぱつまってきたの

君の声少し聞けたら

がんばれる

❀ 何でも打ち明けられる

ママにも言えないことも全部

誰よりも分かってくれる

例える 예를 들다 離れる (거리가) 멀어지다, 떨어지다

経つ (시간이) 지나다, 경과하다 遅い 늦다

ごめん 미안, 미안해 せっぱつまる 절박하다, 다급하다, 궁지에 몰리다

打ち明ける 숨김없이 얘기하다, 털어놓다

①

고마워
네가 있어 줘서 정말 다행이야
어느 때나 항상
웃으며 있을 수 있어
예를 들어, 떨어져 있어도 몇 년 지나도
계속 변하지 않겠지
우리들 Best Friend
좋아해, 정말 좋아해

이렇게 늦은 시간에 미안해
혼자선 절박해지기 시작했거든
네 목소리 조금 듣게 되면
힘낼 수 있을 거야

무엇이든 털어놓을 수 있어
엄마에게도 말 못하는 것 전부
그 누구보다도 알아주거든

❀ 嬉しい時は自分のことみたいに喜んでくれて
ダメな時はちゃんと叱ってくれる存在

①

❀ 強がってもすぐにバレてる
へこんでる時は
真っ先にメールくれる優しさに
もう何度も救われて

❀ 泣きたい時はおもいっきり泣けばいい
側にいるからって
誰よりも強い味方

❀ そんな君に私は何かしてあげられてるかな?
何かあったらすぐに飛んでくから、絶対

어휘

うれ 嬉しい 기쁘다	よろこ 喜ぶ 기뻐하다
ダメ 안 된다, 그르다	しか 叱る 야단치다, 꾸짖다
そんざい 存在 존재	バレる 들키다, 들통나다
へこむ 의기소침하다, 기분이 침울해지다	
ま さき 真っ先 맨 먼저, 제일 먼저	すく 救われる 구원받다, 위안을 얻다
おもいっきり 마음껏, 실컷	みかた 味方 자기편, 아군

가사 해석

기쁠 때는 자기 일처럼 기뻐해 주고
아닐 때는 제대로 야단쳐 주는 존재

①

강한 척해도 금방 들켜
의기소침해 있을 때는
맨 먼저 메시지 보내 주는 상냥함에
벌써 몇 번이나 위안을 얻어서

울고 싶을 때는 마음껏 울면 돼
곁에 있을 테니까라고
누구보다도 강한 내 편

그런 네게 나는 무언가 해 주고 있는 걸까?
무슨 일 있으면 바로 날아갈 테니까, 절대로

✿ ありがとう
君がいてくれて本当よかったよ
どんな時だっていつも

✿ 笑っていられる
例えば、離れていても 何年経っても
ずっと変わらないでしょ
私たちBest Friend
好きだよ、大好きだよ

✿ どんな時も祈っているよ
世界で一番に幸せになってほしい

①

어휘

祈る ^{いの} 기도하다, 기원하다

가사
해석

고마워 네가 있어 줘서
정말 다행이야
어느 때나 항상

웃으며 있을 수 있어
예를 들어, 떨어져 있어도 몇 년 지나도
계속 변하지 않겠지
우리들 Best Friend
좋아해, 정말 좋아해

어떤 때든 기도하고 있어
세상에서 가장 행복했으면 좋겠어

①

<ruby>例<rt>たと</rt></ruby>えば、<ruby>離<rt>はな</rt></ruby>れていても<ruby>何年経<rt>なんねん た</rt></ruby>っても

예를 들어, 떨어져 있어도 몇 년 지나도

<ruby>例<rt>たと</rt></ruby>える는 '예를 들다, 비유하다'라는 동사이고 <ruby>例<rt>たと</rt></ruby>えば는 비유할 때 사용하는 '예를 들어'에 해당됩니다. '너'라는 존재가 있어서 다행이라며 어떤 상황에서도 관계가 변하지 않을 거라는 사실을 예를 들면서 설명하는 부분이네요. <ruby>経<rt>た</rt></ruby>つ는 '(시간, 때가) 지나다'라는 말로 주로 시간을 나타내는 단어와 쓰이는 경우가 많답니다. <ruby>二日<rt>ふつか</rt></ruby>も<ruby>経<rt>た</rt></ruby>つ (이틀이나 지나다), <ruby>半年<rt>はんとし</rt></ruby>が<ruby>経<rt>た</rt></ruby>つ (반년이 지나다)처럼 말이죠.

▶ <ruby>例<rt>たと</rt></ruby>えばどんなこと？　예를 들어 어떤 거?

▶ <ruby>結婚<rt>けっこん</rt></ruby>してどれくらい<ruby>経<rt>た</rt></ruby>ちますか。　결혼하고 어느 정도 지났어요?

<ruby>一人<rt>ひとり</rt></ruby>じゃせっぱつまってきたの

혼자선 절박해지기 시작했거든

<ruby>切羽詰<rt>せっぱ つ</rt></ruby>まる (절박하다)는 본래 <ruby>切羽<rt>せっぱ</rt></ruby>라고 하여 '일본도의 날과 칼집 사이의 금속판'을 뜻하는 말과 <ruby>詰<rt>つ</rt></ruby>まる (막히다)에서 유래한 말로 궁지에 몰렸을 때 이 부분이 막히면 칼을 뽑지도 못 하고 도망가지도 못 한다는, 이러지도 저러지도 못하는 상황을 나타내는 표현이에요. 어떤 이유에서든 마음의 여유가 없어졌을 때 일상에서 흔히 쓰게 되는 말이죠. 그럴 때 목소리라도 듣고 마음의 안정을 찾으려고 친구에게 늦은 시간에 불쑥 연락하게 되는 기분을 여러분들은 느껴 보신 적이 있나요?

▶ <ruby>私<rt>わたし</rt></ruby>はこんなに<ruby>切羽詰<rt>せっぱ つ</rt></ruby>まってるのに<ruby>呑気<rt>のん き</rt></ruby>に<ruby>歌<rt>うた</rt></ruby>ってる<ruby>夫<rt>おっと</rt></ruby>を<ruby>見<rt>み</rt></ruby>てるとね。
난 이렇게 절박한데 태평하게 노래하고 있는 남편을 보고 있으면 참.

何でも打ち明けられる
무엇이든 털어놓을 수 있어

打ち明ける는 '비밀 등을 숨김없이 얘기하다, 털어놓다'라는 의미예요. 무엇이든 털어놓을 수 있다는 사실이 절친이라는 존재를 더욱 소중하게 여기게 만들죠. 또한 비슷한 단어로 打ち解ける라는 게 있는데 이것은 '경계심이 없어지고 허물없이 대하다'라는 뜻을 가지니까 조금 다르게 써야겠죠?

▶ 娘がやっと悩みを打ち明けてくれました。 딸이 드디어 고민을 털어놓아 줬어요.

▶ 彼女は誰とでもすぐに打ち解けられる人で、好感度が高い。
그녀는 누구하고나 바로 허물없이 지낼 수 있는 사람이라 호감을 산다.

ダメな時はちゃんと叱ってくれる存在
아닐 때는 제대로 야단쳐 주는 존재

ダメ는 히라가나로도 쓰지만 여기서처럼 가타카나로도 자주 표기하고 ① 좋지 않은 상태를 가리키는 말로 野菜がダメになる(채소가 상하다), ② 효과가 없는 것을 가리키는 말로 薬をいくら飲んでもダメ(약을 아무리 먹어도 들지 않아), ③ 하려고 해도 할 수 없는 것을 가리키는 말로 これ以上はダメだ(이 이상은 안 된다), ④ 해서는 안 되는 것을 가리키는 말로 ここで吸っちゃダメ(여기서 피우면 안 돼) 등의 경우에서 사용돼요. 여기서는 ①번에 해당하고 옳지 못한 행동을 가리키는 것 같네요. 무조건 좋은 얘기만을 해주는 것이 아니라 뭔가 잘못했을 때는 야단쳐 주는 게 진짜 친구라는 거겠죠.

▶ ダメなやつだな。 형편없는 녀석이구만.

強がってもすぐにバレてる

강한 척해도 금방 들켜

ばれる는 '들키다, 들통나다'라는 뜻으로, 여기서처럼 의미를 강조하거나 주의를 주기 위해 가타카나로 표기하는 경우가 많아요. バレてる는 バレている의 い가 생략된 형태로, 들통난 상태라는 것을 의미해요. 또한 들킨 모양새를 가리키는 バレバレ 역시 ばれる의 첩어이고 좋아하는 것을 들켰다는 의미인 好きバレ라는 신조어도 생길 만큼 일상에서 자주 들을 법한 말이랍니다.

▶ コスプレ写真とか職場の人にバレちゃってさ。
코스프레한 사진 같은 거 직장에 있는 사람들한테 들켜서.

▶ そこにいるのバレバレだよ。 거기 있는 거 다 알아.

へこんでる時は

의기소침해 있을 때는

凹む는 '의기소침하다, 기분이 침울해지다'라는 감정 상태를 나타내는 말로, 落ち込む(기분이 다운되다, 처지다)보다는 다소 회복이 빠른 순간적인 감각을 나타내어 더 캐주얼하게 쓸 수 있는 말이에요. 또한 한자를 보면 알 수 있듯이 안쪽이 패인 모양을 하고 있어 '움푹 패다, 꺼지다'라는 뜻도 가지고 있답니다.

▶ 初デートの日に雨だと凹むよね。 첫 데이트날에 비 오면 우울하지.

▶ 一ヶ月でお腹を凹ませる必殺技があるらしいんです。
한 달 만에 배가 홀쭉해지는 필살기가 있나 봐요.

真っ先にメールくれる優しさに
맨 먼저 메시지 보내 주는 상냥함에

2g폰을 쓰던 시절에 일본에서는 휴대폰으로 주고 받는 메시지를 주로 'メール(메일)'라고 불렀어요. 서로의 메일 주소를 알아야만 연락을 주고 받을 수 있었기 때문이죠. 우리나라의 '문자'를 대신할 수 있는 소통 방식이지만 좀 더 긴 글을 쓸 수 있다는 점에서 '문자'보다 전할 내용을 많이 담는 반면 연락의 빈도는 적다는 특징을 가지고 있었어요. 또, 번호를 아는 것만으로는 메시지를 보낼 수 없었기에 마음에 드는 이성에게 연락처를 물어볼 때는 메일 주소를 가르쳐 달라는 게 일반적이었답니다. 예전에는 나이가 어릴수록 전화보다는 메시지를 선호하는 경향이 강했다 보니, 기분이 좋지 않은 걸 알고 바로 메일을 보내 주는 상냥함이란 젊음의 상징이자 친구 사이의 에티켓과 같은 것이 아니었나 싶어요.

▶ たまにメールが送信できないの。 가끔 메일이 안 보내져.

▶ メールアド教えて。 메일 주소 알려줘.

そんな君に私は何かしてあげられてるかな?
그런 네게 나는 무언가 해 주고 있는 걸까?

~てあげる는 '내가 남에게 ~을 해 주다'라는 표현이죠. 이걸 가능형으로 바꾸면 ~てあげられる(~해 줄 수 있다)가 되고, 여기서는 ~てあげられてる라고 표현했기 때문에 '해 줄 수 있는 상태'를 뜻하고 있는 거예요. 과거나 미래가 아니라 '지금' 무언가 해 주고 있다는 겁니다. 또 이 가사의 어미에 붙는 かな는 본인의 걱정이나 의문점 등을 확인 받고 싶어할 때 사용하는 종조사의 역할을 하고 있어요. 앞에는 주로 모든 품사의 반말체 보통형이 오고 가족이나 친구처럼 편한 관계에서 사용하는 표현이랍니다.

▶ お葬式にこれ着て行ってもいいかな? 장례식에 이거 입고 가도 되려나?

▶ ちゃんと運転できるかな。 제대로 운전할 수 있을까?

STEP 03 눈과 귀로 한자 익히기

다시 Step 01로 가서 노래를 들으며 일본어 가사를 눈으로 읽어 보세요.
이 연습을 반복하면 일본어 한자와 어휘를 쉽게 익힐 수 있습니다.

STEP 04 한자 읽기와 어휘 확인

1. 다음 단어를 읽고 히라가나로 적어 보세요.

① 例えば

_____

② 離れて

_____

③ 経っても

_____

④ 打ち明けられる

_____

⑤ 嬉しい

_____

⑥ 叱って

_____

⑦ 真っ先に

_____

⑧ 救われて

_____

⑨ 味方

_____

⑩ 幸せ

_____

2. 다음 단어의 뜻을 적어 보세요.

① 例える _____

② 経つ _____

③ せっぱつまる _____

④ 打ち明ける _____

⑤ 叱る _____

⑥ バレる _____

⑦ へこむ _____

⑧ 真っ先 _____

⑨ おもいっきり _____

⑩ 味方 _____

정답

1. ①たとえば ②はなれて ③たっても ④うちあけられる ⑤うれしい ⑥しかって ⑦まっさきに ⑧すくわれて ⑨みかた ⑩しあわせ
2. ①예를 들다 ②(시간이) 지나다, 경과하다 ③절박하다, 다급하다, 궁지에 몰리다 ④숨김없이 얘기하다, 털어놓다 ⑤야단치다, 꾸짖다 ⑥들키다, 들통나다 ⑦의기소침하다, 기분이 침울해지다 ⑧맨 먼저, 제일 먼저 ⑨마음껏, 실컷 ⑩자기편, 아군

Unit 19

ZONE
夢ノカケラ…
ゆめ
夢ノカケラ 꿈의 조각

ZONE

ZONE은 2001년에 메이저 데뷔한 일본의 여성 락밴드예요. 예능양성스쿨 학생들로 결성되어 보컬과 댄스 유닛으로 활동했던 당시에는 8명이었지만 1999년 인디즈로 데뷔했을 때는 4명이 됐어요. 메이저로 데뷔했던 시기에는 밴드도 아닌 아이돌도 아닌 새로운 장르인 밴돌(BANDOL)로 어필했습니다. 처음에는 모두 악기를 연주할 줄 몰라 첫 번째와 두 번째 싱글을 발매했을 때는 퍼포먼스의 일환으로 악기를 가지고 있었지만 세 번째 싱글부터는 본격적으로 악기 연주를 시작해 베이스, 기타, 드럼을 다루며 실력파 밴드로 주목 받게 되었답니다.

밴드명 ZONE은 미지의 가능성과 새로운 세대의 힘을 믿고 확장해가며 현실적인 '영역'을 초월하는 존재가 되길 바라는 마음과 알파벳의 마지막 글자인 Z가 상징하는 '제로'에서 정상을 향해 올라가겠다는 다짐을 담았다고 하네요. '夢ノカケラ(꿈의 조각)'는 2002년에 발매한 5번째 싱글로, 폭발적인 인기를 얻었던 3번째 싱글'secret base ～君がくれたもの～'의 답가입니다. 두 곡모두 학창시절을 떠올리기 좋은 가사와 선율이 매력적인데, 내용과 곡이 닮아 있어 연결되는 듯한 느낌이 드는 게 묘미라고 할 수 있으니 함께 들어 보시면 좋을 것 같아요.

✿ 君がくれたもの 君がくれたもの

✿ 気がつけばボク達明日を見失って
何か大切なモノを今は忘れてる
あの長い坂道夕焼けに染まって
ふざけ合いながら二人語り合っていたね
今悲しみと苦しみをうまくかわしてる
今嬉しさと優しさに震えてる

①

✿ 君がくれたもの (夢を) 信じることの勇気
変わらない気持ち いつも胸に刻んだ
君がくれたもの (夢は) 暖かくて優しい
ボクの未来に輝き続けているから

②

✿ 大人に近づいて
ボクは夢をしまい込んで
街の渦に飛び込んだ
-明日を見失った-

어휘

<u>み うしな</u>
見失う 잃다, 보고 있던 것을 놓치다

<u>さかみち</u>
坂道 언덕길

ふざける 장난치다

<u>かた</u>
語る 이야기하다, 특정한 주제에 대한 이야기를 늘어놓다

<u>かな</u>
悲しみ 슬픔

かわす 몸이 부딪히지 않도록 피하다, 교묘하게 피해서 벗어나다

<u>うれ</u>
嬉しさ 기쁨

<u>ふる</u>
震える 떨리다

<u>かがや</u>
輝く (눈부시게) 빛나다

<u>ちか</u>
近づく 가까이 다가가다

<u>うず</u>
渦 소용돌이

<u>たいせつ</u>
大切 소중함

<u>ゆうや</u>
夕焼け 저녁노을

<u>くる</u>
苦しみ 괴로움, 고통

<u>やさ</u>
優しさ 상냥함, 다정함

<u>きざ</u>
刻む 새기다

<u>おとな</u>
大人 어른

<u>こ</u>
しまい込む 깊숙한 곳에 넣다

<u>と</u>
飛び込む 뛰어들다

가사 해석

네가 준 것 네가 준 것

생각해 보니 우리들은 내일을 잃고
무언가 소중한 것을 지금은 잊고 있어
저 긴 언덕길 저녁노을에 물들어
서로 장난 치며 둘이서 얘기 나누곤 했지
지금 슬픔과 고통을 잘 피하고 있어
지금 기쁨과 다정함에 떨고 있어

①
네가 준 것 (꿈을) 믿는 용기
변하지 않는 마음 언제나 가슴에 새겨
네가 준 것 (꿈은) 다정하고 따뜻해
내 미래에 계속 빛나고 있기에

②
어른이 되어 가며
나는 꿈을 깊숙이 넣어 두고
거리의 소용돌이에 뛰어들었어
– 내일을 잃었어 –

❀ 何度も立ち止まり

かすかに見えてきた

細く長いこの道を走り続けてる

❀ ボクの心のドアを静かに開けてみると

幼い頃出逢った夢のカケラ

ボクが両手でそっとカケラを拾い上げて

もう一度信じると夜空見上げ

君が

①

②

❀ それは小さな時 確かに見えていた

目を閉じれば

すぐ側にあると信じていた…

어휘

<ruby>立<rt>た</rt></ruby>ち<ruby>止<rt>ど</rt></ruby>まる 멈춰 서다

<ruby>細<rt>ほそ</rt></ruby>い 가늘다

<ruby>拾<rt>ひろ</rt></ruby>い<ruby>上<rt>あ</rt></ruby>げる 주워 올리다

かすかに 희미하게, 어렴풋이

そっと 살짝, 살며시, 가만히

<ruby>見<rt>み</rt></ruby><ruby>上<rt>あ</rt></ruby>げる 올려다 보다

가사 해석

몇 번씩이나 멈춰 서서
희미하게 보이기 시작한
가늘고 긴 이 길을 계속 달리고 있어

내 마음의 문을 조용히 열어 보니
어릴 적에 만났던 꿈의 조각
내가 양손으로 살며시 조각을 주워 올려서
다시 한 번 믿는다며 밤하늘을 올려다 봐
네가

①

②

그것은 어릴 적에 확실히 보였었어
눈을 감으면
바로 옆에 있다고 믿고 있었지…

STEP 02 핵심 표현 학습하기

気がつけばボク達明日を見失って

생각해 보니 우리들은 내일을 잃고

気がつけば는 '알아차리다, 깨닫다, 정신이 들다'라는 의미를 갖는 気がつく의 가정법인데, '몰랐던 것을 깨닫고 보니'와 같은 뜻을 갖게 됩니다. 의식을 못하고 있다가 정신이 들어 보니 내일이라는 미래를 잃어버렸다는 얘기예요. 그런데 ZONE은 전 멤버가 여성임에도 주로 남성들이 사용하는 1인칭 복수 대명사 ボク達(우리들)라는 호칭을 사용하고 있다는 점은 곡을 해석하는 데 있어서 간과해서는 안 되는 부분인 것 같아요. 이건 중성적인 느낌을 가짐으로써 성별에서 벗어난 '나'와 '너'에 집중하려는 의도라 볼 수 있습니다. 그리고 이러한 양상은 그들이 부른 다른 곡에서도 마찬가지이며 일상에서는 드물지만 음악 세계에서 만큼은 이렇게 성별을 초월하여 여자가 본인을 僕라고 지칭하는 경우는 적지 않답니다.

ふざけ合いながら二人語り合っていたね

서로 장난 치며 둘이서 얘기 나누곤 했지

이 소절에서는 '서로~하다'라는 의미를 갖는 〜合う가 두 번이나 쓰였네요. 그래서 ふざけ合う는 '서로 장난치다'이고 語り合う는 '서로 이야기하다'가 되는데, 語る는 단순한 수다를 떨 때가 아니라 특정한 주제에 대한 이야기를 늘어놓을 때 사용하는 말이기 때문에 장난 치면서도 진지한 얘기를 나눴다는 말이 되겠네요. 저녁노을에 물든 귀갓길을 함께 걷다가 어떤 날에는 서로 깔깔거리면서 놀리고 어떤 날에는 희망에 차서 장래를 논하던 학창시절을 묘사하고 있는 듯하네요.

▶ そういえば一晩中語ってたよね。 그러고보니 밤새 떠들었지.

今悲しみと苦しみをうまくかわしてる
지금 슬픔과 괴로움을 잘 피하고 있어

かわす는 '몸이 부딪히지 않도록 피하다'라는 뜻도 있지만 여기서처럼 '교묘하게 피해서
벗어나다'라는 뜻으로 쓰이기도 해요. うまくかわす라고 하면 보통 부탁을 거절할 때라거
나 답하기 곤란한 질문을 받았을 때 '잘 받아치다'라는 뜻으로 쓰는 표현입니다. 그러니까
슬픔과 괴로움을 그대로 수용하지 않고 잘 받아치고 있다는 거겠죠?

▶ 上司からのイヤな誘いをうまくかわして帰ってきた。
상사의 곤란한 제의를 잘 피해서 집에 돌아왔다.

大人に近づいて
어른이 되어 가며

近づく는 사물에 직접 '다가가다'라는 물리적인 의미뿐만 아니라 '~가 되어 가다, 닮아가
다'라는 뜻으로, 무언가에 근접해 가는 것을 가리켜요. 따라서 大人に近づく는 '어른이 되
어 가다'라고 할 수 있겠죠. 변화해 가는 양상을 표현할 때는 近づいて行く(가까이 다가가
다), 近づいて来る(가까이 다가오다)라고도 말합니다.

▶ 顔が焼けてきて、現地人に近づいているような感じしない？
얼굴이 타기 시작하면서 현지인이 되어 가고 있는 것 같지 않아?

▶ 台風がどんどん近づいて来ています。 태풍이 점점 다가오고 있어요.

ボクは夢をしまい込んで
나는 꿈을 깊숙이 넣어 두고

しまい込む는 '안에 넣다, 간수하다'라는 뜻인 しまう와 '들어가다'라는 의미를 갖고 있는 込む가 합쳐진 복합 동사로, 사람 눈에 띄지 않는 깊숙한 곳에 물건을 넣을 때 사용하는 표현이에요. 여기서는 꿈을 품속 깊이 넣어 둔다는 얘기인 듯하죠? 또한 '안에 넣다'라는 뜻으로 しまう가 쓰일 때는 しまっておく(넣어 두다)라는 표현으로도 자주 등장합니다. 많은 분들이 しまい를 보면 무조건 '끝내다'라는 의미를 먼저 떠올리시는데, しまう는 본래 '하던 일을 끝내다, 영업을 종료하다, 쓰던 물건을 정리하다' 등 다양한 뜻을 갖기 때문에 '끝'을 의미하는 명사형뿐 아니라 여기서처럼 동사 ます형일 수 있다는 점을 꼭 기억 해 두세요.

▶ 使い終わったらしまっておきなさい。 다 쓰고 나면 넣어 두렴.

▶ 彼にもらったものは部屋の奥に大切にしまい込んでる。
그에게 받은 건 방 깊숙한 곳에 소중히 간직해 두고 있다.

街の渦に飛び込んだ
거리의 소용돌이에 뛰어들었어

渦는 어지러운 움직임, 주변을 끌어들이며 한 방향으로 향하는 흐름을 가리키는 '소용돌이'를 뜻해요. 그곳에 뛰어들었다는 얘긴데, 여기서도 '들어가다'의 의미를 갖는 込む가 합쳐진 복합 동사를 볼 수 있죠. 또한 飛び込む(뛰어들다)는 우리나라에서와 쓰임이 비슷하여 몸을 움직여 뛰어드는 것뿐 아니라 어떤 일이나 사건에 적극적으로 관련을 맺을 때도 사용된답니다.

▶ 新しい環境に積極的に飛び込んで行く姿勢が大事だと思う。
새로운 환경에 적극적으로 뛰어들어가는 자세가 중요한 것 같다.

ボクが両手でそっとカケラを拾い上げて

내가 양손으로 살며시 조각을 주워 올려서

そっとは '소리내지 않고 조용히' 또는 '남들이 모르게 비밀리에'라는 뜻을 가지고 있어요. 그리고 そっとする라고 동사와 함께 써서 '간섭하지 않고 조용히 내버려두다'라는 의미로도 자주 등장합니다. 어쨌든 조심스럽게 꿈의 조각을 주워 올리는데 이때 拾い上げる라는 표현이 나와요. 拾う(줍다)와 上げる(올리다)가 합쳐진 복합 동사로, 이렇게 上げる가 붙는 비슷한 동사 중에 持ち上げる(들어 올리다), すくい上げる(건져 올리다)와 같은 것들이 있답니다.

▶ そっとしておいてほしいの。 조용히 내버려뒀으면 좋겠어.

▶ それ一人で持ち上げられますか。 그거 혼자서 들어 올릴 수 있어요?

それは小さな時確かに見えていた

그것은 어릴 적에 확실히 보였었어

어린 시절을 가리키는 말에는 앞에서 나왔던 幼い頃 말고도 이 소절에서처럼 小さな時 (小さい時), 小さい頃라는 표현이 있어요. 또 子供の頃도 '어렸을 때'라는 말이니까 함께 알아두세요. 'secret base ～君がくれたもの～'라는 곡에서 '너'와 나눴던 꿈을 다시 꺼내 보이며 그 시절을 회상하는 모습을 그리고 있는 것 같아요.

▶ 小さい頃の記憶があんまりないんです。 어렸을 때 기억이 별로 없거든요.

STEP 03 눈과 귀로 한자 익히기

다시 Step 01로 가서 노래를 들으며 일본어 가사를 눈으로 읽어 보세요.
이 연습을 반복하면 일본어 한자와 어휘를 쉽게 익힐 수 있습니다.

STEP 04 한자 읽기와 어휘 확인

1. 다음 단어를 읽고 히라가나로 적어 보세요.

① 見失って

_____

② 夕焼け

_____

③ 語り合って

_____

④ 嬉しさ

_____

⑤ 勇気

_____

⑥ 渦

_____

⑦ 立ち止まり

_____

⑧ 走り続けてる

_____

⑨ 幼い

_____

⑩ 拾い上げて

_____

2. 다음 단어의 뜻을 적어 보세요.

① 見失う

② 坂道

③ 語る

④ 苦しみ

⑤ かわす

⑥ 震える

⑦ しまい込む

⑧ 飛び込む

⑨ 立ち止まる

⑩ かすかに

Unit 20

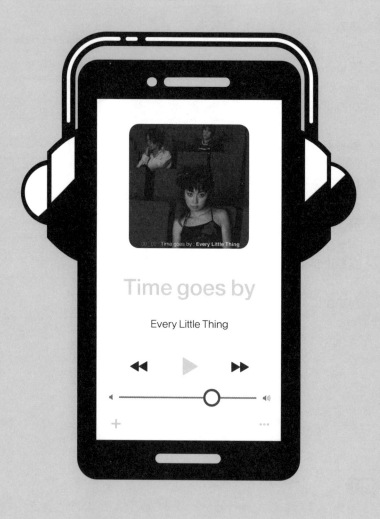

Every Little Thing은 오래된 일본 혼성 밴드로, ELT라고 줄여 부르기도 합니다. 데뷔 당시에는 보컬과 작사 담당인 持田香織(모치다 카오리)와 기타와 작곡 담당인 伊藤一郎(이토 이치로), 그리고 이제는 탈퇴했지만 키보드와 사운드 프로듀스, 편곡 등을 담당했던 五十嵐充(이가라시 미츠루) 세 명의 멤버가 있었어요. 이들은 1996년에 싱글 'Feel My Heart'로 데뷔를 하며 바로 오리콘 차트 24위를 기록했고 이듬해 발매한 세 번째 싱글 'Dear My Friend'는 10위권 안에 들기도 했어요. 그렇게 이름을 알린 ELT는 이가라시의 음악적 세계관과 신시사이저를 구사한 사운드, 모치다의 보이스와 패션이 10대~20대 사이에서 지지를 얻으며 90년대 후반을 대표하는 그룹으로 자리매김합니다. 이가라시가 탈퇴한 이후에는 기존의 음악과는 다른 밴드 사운드와 어쿠스틱 사운드를 지향하는 곡을 제작하며 색다른 느낌을 선보이기도 했어요. 이번에 소개하는 'Time goes by'는 1998년에 발매한 8번째 싱글로, 처음으로 밀리언 히트를 친 ELT의 대표곡으로 잘 알려져 있습니다. 이 곡은 이가라시가 작사, 작곡을 담당했는데, 당시에는 모치다가 가사의 의미를 이해하지 못하고 불렀다고 하니 어떤 내용을 담고 있는 지 찬찬히 생각하며 감상해 보면 좋을 것 같아요.

가사 보며 강의 듣기

❀ Wow wow wow…

❀ きっときっと誰^{だれ}もが
何^{なに}か足^たりないものを
無理^{むり}に期待^{きたい}しすぎて
人^{ひと}を傷^{きず}つけている

❀ Wow wow wow…

❀ 会^あえばケンカしてたね
長^{なが}く居^いすぎたのかな
意地^{いじ}を張^はれば なおさら
隙間^{すきま}広^{ひろ}がるばかり

❀ Kissをしたり
抱^だき合^あったり
多分^{たぶん}それでよかった
あたりまえの
愛^{あい}し方^{かた}も
ずっと忘^{わす}れていたね

어휘

足_たりる 족하다, 충분하다

けんかする 싸우다

意地_{いじ}を張_はる 고집을 부리다, 오기를 부리다

隙間_{すきま} 틈, 틈새

抱_だき合_あう 서로 껴안다

期待_{きたい} 기대

居_いる 있다, 머무르다

広_{ひろ}がる 넓어지다, 퍼지다

あたりまえ 당연함, 마땅함

가사
해석

Wow wow wow…

아마도 아마도 누구나가
무언가 모자란 것을
무리하게 너무 기대해서
남에게 상처 줘

Wow wow wow…

만나면 싸우곤 했지
너무 오래 있었나
고집을 부리면 더더욱
틈이 벌어지기만 해

키스를 한다거나
서로 껴안는다거나
아마 그걸로 됐던 거야
사랑을 하는
당연한 방법도
계속 잊고 있었네

✿ 信じ合える喜びも

傷つけ合う悲しみも

いつかありのままに

愛せるように

Time goes by

✿ 都合 悪い時には

いつも言い訳してた

そうね そんなところは

二人よく似ていたね

✿ 安らぎとか

真実とか

いつも求めてたけど

言葉のように

簡単には

うまく伝えられずに

어휘

ありのまま 있는 그대로

言い訳 변명
い わけ

真実 진실
しんじつ

都合 사정, 형편, 이유
つごう

安らぎ 평온함, 평안
やす

가사 해석

서로 믿을 수 있다는 기쁨도
서로 상처 주는 슬픔도
언젠가 있는 그대로
사랑할 수 있도록
Time goes by

불리할 때에는
언제나 변명을 했어
그러게 그런 점은
두 사람 많이 닮았었지

편안함이라거나
진실이라거나
언제나 원해 왔지만
말처럼
쉽게
잘 전하지 못한 채

❀ もう一度思いだして

あんなにも愛したこと

『アリガトウ』が言える

時がくるまで

Say good-bye

❀ 残された傷あとが

消えた瞬間

本当の優しさの

意味がわかるよ きっと

❀ 過ぎた日に背をむけずに

ゆっくり時間を感じて

いつかまた笑って

会えるといいね

Time goes by

❀ Wow wow wow

어휘

思<small>おも</small>いだす 생각해 내다, 떠올리다

傷<small>きず</small>あと 상처 자국

背<small>せ</small>をむける 등을 돌리다

残<small>のこ</small>す 남기다

過<small>す</small>ぎる 지나다, 통과하다

가사 해석

한 번 더 떠올려 봐
그렇게나 사랑했다는 사실
'고마워'라고 말할 수 있는
때가 올 때까지
Say good-bye

남겨진 상처가
사라진 순간
진실한 상냥함의
의미를 깨달을 거야 꼭

지난날에 등돌리지 않고
천천히 시간을 느끼며
언젠가 또 웃으면서
만날 수 있으면 좋겠어
Time goes by

Wow wow wow

きっときっと誰_{だれ}もが

아마도 아마도 누구나가

きっと는 화자의 결의나 확신, 강한 바람을 나타내는 표현으로 '꼭, 반드시' 등으로 해석되는 경우가 많지만 비슷한 뜻으로 쓰이는 必ず_{かなら}와는 조금 차이가 있어요. きっと는 일어나지 않은 일에 대한 강한 추측을 나타낼 때 쓰기 때문에 본인의 생각을 읊는 글이나 이런 노랫말에서 많이 보실 거에요. 또한 '잊지 말고 꼭 가져와' 같은 부탁이나 명령을 하는 문장과는 어울리지 않기 때문에 무작정 '꼭, 반드시'라는 의미로만 외워서 잘못 쓰는 일이 없도록 주의하세요! 이때는 忘れずに_{わす} 必ず_{かなら}持って来て_{も き}와 같이 표현하는 게 좋겠죠?

▶ もう少_{すこ}ししたらきっと帰_{かえ}ってくるよ。 조금 더 있으면 꼭 돌아올 거야.

▶ 大雨_{おおあめ}だし、きっと来_こないでしょうね。 비가 많이 오기도 하고 아마 안 오겠죠.

無理_{む り}に期待_{き たい}しすぎて

무리하게 너무 기대해서

'무리'는 일본어로도 無理_{むり}. '무리를 하다'라는 동사로 나타내고 싶다면 する를 써서 無理を_{むり}する라고 표현하면 돼요. 여기서처럼 '무리하게'라는 말은 無理に_{むり}가 되고, '억지로, 막무가내'라는 말은 無理やり_{むり}라고 하죠. 실현되기 어려운 것들을 누구나 지나치게 기대하는 바람에 남에게 상처를 준다는 이야기예요. 우리의 일상에서도 흔히 일어나고 있는 일이 아닌가 생각하게 되는 대목이네요.

▶ 無理_{むり}して明_{あか}るく振_ふる舞_まう必要_{ひつよう}なんてないからね。
무리해서 밝게 행동할 필요는 없으니까.

▶ 気_きが合_あわない人_{ひと}に無理_{むり}に合_あわせても疲_{つか}れるだけですよ。
마음이 맞지 않은 사람에게 무리하게 맞춰도 피곤할 뿐이에요.

意地を張れば なおさら
고집을 부리면 더더욱

意地を張る는 본인의 의견을 관철시키는 것을 뜻하는 말로, 그것이 옳든 그르든 본인의 주
장을 굽히지 않는 태도를 일컫는 말이에요. 우리말로는 '고집을 부리다, 오기를 부리다'라
고 표현할 수 있고 그러한 사람을 가리켜 意地っ張り라고 합니다. 또 なおさら는 사물의 정
도가 전보다 한층 진행된 모양새를 뜻하는 부사로, '더욱 더, 한층 더, 더더군다나'라고 표
현할 수 있어요. 일상에서는 さらに라는 말도 비슷한 의미로 쓰인답니다.

▶ 彼女の意地っ張りなところが好きなんだ。 그녀의 고집스런 점을 좋아하거든.

隙間広がるばかり
틈이 벌어지기만 해

ばかり는 접속 방법이나 앞뒤에 붙는 조사에 따라 의미가 다양하기 때문에 유심히 잘 살펴
봐야 해요. 여기서처럼 변화를 나타내는 '동사 기본형+ばかりだ'가 오면 '~하기만 하다'
라는 뜻으로 쓰입니다. 예를 들어 給料が下がるばかりだ(월급이 줄어들기만 한다), シワが
増えるばかりだ(주름이 늘기만 한다)처럼 말이죠. 참고로 명사+ばかり가 오면 한정시키는
표현으로 '~만, ~뿐'이라는 뜻을 가져요. 그래서 嘘ばかりつく(거짓말만 하다), お金のこ
とばかり考える(돈에 대한 생각만 하다)와 같은 표현에서 쓰입니다.

▶ 痛みが増すばかりでちっとも治らない。 통증이 심해지기만 하고 하나도 낫지 않아.

▶ 子供のことばかり考えてしまう。 애들만 생각하게 돼 버린다.

Kissをしたり抱き合ったり

키스를 한다거나 서로 껴안는다거나

~たり~たり는 '~하거나 ~하거나'라는 의미로, 보통 する(하다)라는 동사로 끝맺어집니다. 몇 가지 행위에 대해 예를 들어 나열하며 설명할 때 주로 쓰게 되는 말인데, 순서는 크게 중요치 않고 동사 た형에 접속해요. 여기서는 키스를 하는 것과 껴안는 것을 예로 들면서 설명을 한 건데 반드시 이 두 가지 행위일 필요는 없으며 비슷한 종류라면 이 뒤에 얼마든지 예를 더해도 됩니다. 또한 ~たり를 한 번만 사용해서 映画見たりしたよ(영화 보거나 했어)와 같이 표현하는 경우도 잦답니다.

▶ コーヒー飲んだりする時間にメールをチェックしてます。
커피 마시거나 하는 시간에 메일을 확인해요.

▶ 何度も開けたり閉めたりしてると壊れるよ。 몇 번이고 열거나 닫거나 하면 고장나.

都合悪い時には

불리할 때에는

都合는 무언가를 할 때 다른 일에 영향을 끼치는 '사정, 이유, 형편'에 해당하는 말로, 자주 쓰이는 단어예요. 약속을 잡을 때도 일정에 문제가 없냐는 의미로 ご都合よろしいですか(시간 괜찮으세요?)라고 묻기도 하고, 나가려던 참에 비가 그쳤다면 본인의 형편에 맞았다는 의미로 都合よく(마침, 때 맞춰, 알맞게)라는 말을 쓰기도 해요. 여기서는 都合が悪い라고 표현했으니 본인의 형편에 맞지 않은 상황, 다시 말해 무언가를 하기 어렵거나 불리한 때를 가리키고 있는 겁니다. 이어지는 가사를 보면 그럴 때면 변명을 했다고 하죠.

▶ 都合が悪い時に限って仕事が増えるんだよね。
사정이 안 좋을 때 하필이면 일이 늘어나잖아.

▶ たまには自分に都合よく解釈してもいいんじゃない?
가끔은 본인 좋을 대로 해석해도 되지 않아?

多分それでよかった
<small>た ぶん</small>

아마 그걸로 됐던 거야

よかった는 '좋다' いい의 과거형으로, '좋았다'라는 뜻이지만 때로는 '다행이다'라는 의
미로 쓰입니다. 리액션으로 쓰이는 よかったね, よかったですね 라는 말은 보통 '잘됐네,
다행이에요'와 같은 뜻이고 ~てよかった라고 해서 앞에 동사 て형이 오는 경우에는 '~하
길 잘했다'라는 의미가 돼요. 그런데 여기서처럼 それでよかった라고 말하면 '그것으로 충
분했다, 그걸로 됐다'라는 뜻으로 쓰인답니다. 사랑한다면, 어렵게 생각할 것 없이 입을 맞
추거나 포옹을 하는 등의 애정 표현을 나누기만 하면 그걸로 충분하다는 얘기를 하고 싶
었던 것이겠죠?

▶ 本当に遊びに来てよかったなぁと感じてます。
<small>ほんとう あそ き かん</small>
정말 놀러 오길 잘했구나 싶어요.

▶ 不器用だったけど俺たちはそれでよかったのかもしれない。
<small>ふ き よう おれ</small>
서툴렀지만 우리들은 그걸로 충분했을지도 모르겠다.

残された傷あとが
<small>のこ きず</small>

남겨진 상처가

傷는 '상처, 흠집'을 뜻하는 말이고 그 뒤에 붙는 あと는 '자국'을 가리켜요. 그래서 傷あと
<small>きず きず</small>
는 '상처 자국'을 의미하겠죠. 따라서 가사에 흔히 등장하는 足あと는 '발자국'을 의미합
<small>あし</small>
니다. 남겨진 상처 자국이 사라진 순간 진실한 상냥함의 의미를 깨달을 거라는 사실. 그건
서로 상처를 주다가도 그 흔적이 사라질 즈음에는 서로에게 상냥해질 수 있다는 뜻이 아
닐까요.

▶ 傷あとが目立って困ってます。 상처 자국이 눈에 띄어서 곤란해요.
<small>きず めだ こま</small>

▶ 体にやけどのあとが残ってしまいました。 몸에 화상 입은 흉터가 생겨 버렸어요.
<small>からだ のこ</small>

STEP 03 눈과 귀로 한자 익히기

다시 Step 01로 가서 노래를 들으며 일본어 가사를 눈으로 읽어 보세요.
이 연습을 반복하면 일본어 한자와 어휘를 쉽게 익힐 수 있습니다.

STEP 04 한자 읽기와 어휘 확인

1. 다음 단어를 읽고 히라가나로 적어 보세요.

① 期待

_____

② 居すぎた

_____

③ 意地

_____

④ 隙間

_____

⑤ 都合

_____

⑥ 言い訳

_____

⑦ 安らぎ

_____

⑧ 傷あと

_____

⑨ 背

_____

⑩ 感じて

_____

2. 다음 단어의 뜻을 적어 보세요.

① けんかする　　　　_____

② 意地をはる　　　　_____

③ 広がる　　　　_____

④ 抱き合う　　　　_____

⑤ ありのまま　　　　_____

⑥ 都合　　　　_____

⑦ 言い訳　　　　_____

⑧ 安らぎ　　　　_____

⑨ 傷あと　　　　_____

⑩ 背をむける　　　　_____

정답

1. ❶ きたい ❷ いすぎた ❸ いじ ❹ すきま ❺ つごう ❻ いいわけ ❼ やすらぎ ❽ きずあと
❾ せ ❿ かんじて
2. ❶ 싸우다 ❷ 고집을 부리다, 오기를 부리다 ❸ 넓어지다, 퍼지다 ❹ 서로 껴안다 ❺ 있는 그대로
❻ 사정, 형편, 이유 ❼ 변명 ❽ 평온함, 평안 ❾ 상처 자국 ❿ 등을 돌리다